资助：广西财经学院优秀著作出版基金资助出版
项目：广西高校中青年教师科研基础能力提升项目(2019KY0645);
“广西高等学校千名中青年骨干教师培育计划”人文社科项目(2020QGRW)

社会企业家访谈录

陈青姣　赵锋　张黎明◎著

中国经济出版社
CHINA ECONOMIC PUBLISHING HOUSE
·北 京·

图书在版编目（CIP）数据

社会企业家访谈录：四川省成都市首届认证社会企业高层访谈 / 陈青姣，赵锋，张黎明著 .— 北京：中国经济出版社，2021.9

ISBN 978-7-5136-6621-3

Ⅰ . ①社… Ⅱ . ①陈… ②赵… ③张… Ⅲ . ①企业家 – 访问记 – 成都 – 现代 Ⅳ . ① K825.38

中国版本图书馆 CIP 数据核字（2021）第 178540 号

责任编辑　赵嘉敏
责任印刷　巢新强
封面设计　任燕飞

出版发行　中国经济出版社
印 刷 者　北京捷迅佳彩印刷有限公司
经 销 者　各地新华书店
开　　本　710mm×1000mm　1/16
印　　张　13
字　　数　180 千字
版　　次　2021 年 9 月第 1 版
印　　次　2021 年 9 月第 1 次
定　　价　88.00 元
广告经营许可证　京西工商广字第 8179 号

中国经济出版社 **网址** www.economyph.com **社址** 北京市东城区安定门外大街 58 号 **邮编** 100011
本版图书如存在印装质量问题，请与本社销售中心联系调换（联系电话：010-57512564）

前言
FOREWORD

社会企业作为商业向善的力量，在解决社会问题与改善商业环境中扮演着“催化剂”的角色。1990 年，“社会企业”的概念首次出现在意大利，并通过期刊《社会印象》（Defourny and Nyssens，2010）① 得以推广。1993 年，社会企业开始进入欧盟其他国家和美国。在此背景下，美国和西欧国家，尤其是英国，成为了关于社会企业的研究和辩论中心（João、Jabbour and Galina，2017）②。社会企业在各国的诞生时间、背景、社会地位与作用不尽相同，致使各国对其研究不均衡，在概念的界定上也存在较大差异。目前得到较多认同的是一个较为宽泛的概念，即社会企业是一种通过商业行为实现社会目标的混合型组织。它以市场为导向，以解决社会问题为首要和根本驱动，为特定的对象提供服务，并具有一定的造血功能。

“社会企业”一词于 2004 年被正式引入中国，近年来社会企业进入快速发展阶段。其中，北京、上海、深圳、成都、云南等地社会企业的发展水平在国内处于领先地位。政府的政策引导在社会企业的发展中起着不容忽视的作用，继佛山市顺德区、深圳市、北京市出台社会企业认证与孵化政策之后，

---

① DEFOURNY J，NYSSENS M. Conceptions of social enterprise and social entrepreneurship in Europe and the United States：convergences and divergences [J]. Journal of social entrepreneurship，2010，1(1)：32-53.

② JOÃO I D S，JABBOUR C J C，GALINA S V R.What is a social enterprise? Revising old concepts and interviewing social entrepreneurs [J]. Journal of organisational transformation & social change，2017，14 (2)：127–147.

成都市于 2018 年出台了促进社会企业发展的系列文件，如《成都市人民政府办公厅关于培育社会企业促进社区发展治理的意见》《成都市工商行政管理局关于发挥工商行政管理职能培育社会企业发展的实施意见》等，并完成了首届社会企业认证工作，认定首批 12 家社会企业。受社会企业家出差、调研时间等因素影响，虽然我们只获得了 10 家社会企业的走访准许，但收获颇丰。从访谈结果可知，社会企业已成功嵌入成都的经济发展与社会治理中，并在“三农”、扶贫、文化传承、健康养老、幼儿教育、女性创业、社区治理、公共服务等多个领域崭露头角，产生了良好的社会影响。访谈内容涉及创业初心、社会目标与经济目标、创业团队、组织发展历程、商业模式、经营管理哲学、关系网络、政府作用、评价标准、未来规划等多个方面，全面呈现了社会企业原貌及社会企业家精神，为学者研究社会企业提供了大量素材，不仅有助于推进社会公众对社会企业及社会企业家的认知、关注、接纳与支持，而且有助于政府厘清其行为界限。

目 录
CONTENTS

第一章　馋爱善食：无声善事

- 访谈对象：邓如斌，成都馋爱善食餐饮管理社会企业有限公司创始人
- 访谈地点：99+ 熊猫咖啡馆（成都武侯区天府二街 1331 号）
- 访谈时间：2019 年 7 月 30 日　15：00—16：30
- 访 谈 者：陈青姣
- 记 录 者：唐文娟　周宇宁
- 注：下文中“C”（陈青姣）表示提问，“D”（邓如斌）表示回答。

一、公司简介

成都馋爱善食餐饮管理社会企业有限公司（以下简称馋爱善食）成立于 2017 年 3 月，由邓如斌及其女儿邓绮珈共同创办。公司通过制作团餐、快餐并提供外卖服务的方式为残疾人士提供就业机会。截至 2019 年 7 月 30 日，该公司有 28 名正式员工，其中 22 名为残疾员工。2018 年，公司获得四川省成都市首批“社会企业”认证。

二、创始人邓如斌简历

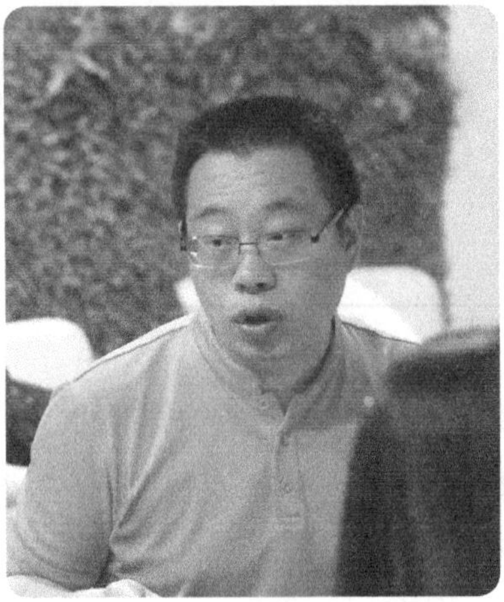

图 1-1 馋爱善食创始人 邓如斌

邓如斌，男，1970 年出生，现任馋爱善食法人、股东、执行董事兼总经理。主要经历：2018 年 5 月 7 日，馋爱善食法人、股东、执行董事兼总经理；2017 年 4 月 24 日，四川善食道电子商务有限公司法人、股东、执行董事兼总经理；2016 年 6 月 13 日，四川时代科润生物科技有限公司法人、股东、监事；2012 年 6 月 4 日，四川欣同德科技有限公司股东；2011 年 4 月 28 日，成都咏洁生物科技有限公司股东；2006 年 9 月 25 日，攀枝花市钛都化工有限公司股东；2004 年 3 月 12 日，成都市绮珈贸易有限公司法人、股东、执行董事兼总经理。

三、访谈内容

图 1-2　馋爱善食创始人访谈场景

1.　C：请您谈谈贵公司的起源。

D：我们是从 2017 年底开始做残疾人帮扶项目的。当时我的一个朋友讲，有一个能够帮助残疾人做事的项目，问我愿不愿意做。我觉得可以做，然后把项目定位为快餐。为什么选择快餐呢？首先是需要的人多，属于劳动密集型行业；其次是快餐比较简单，对于残疾人来说没有那么复杂，简单学一学都能懂。之后我就交给女儿来策划，整个品牌的策划和企业文化都是由她来做的。

2.　C：您女儿现在多大？

D：1999 年 10 月出生，现在才读大一，开始做项目的时候是高三。

3.　C：最初让您做这件事情的驱动力是什么？

D：朋友说这个项目是帮助残疾人的，问我有没有心思去做，是要用心去做，而不是“挂羊头卖狗肉”。于是我女儿策划了“馋爱善食”这一品牌。为什么叫馋爱善食呢？“馋”是“残”的谐音，包括“馋爱”和“残爱”两层意思，代表美味和残疾员工；“善”是“膳”的谐音，包括“善事”和“膳食”两层意思，寓意是做好事和做品质餐饮。公司的品牌和帮扶残疾人的思路都是我女儿来制定的。我女儿是“00后”，有帮助弱势群体的意识，我觉得很有意义。所以，我决定做这件事情，启动资金来源于自有资金。

4. **C：现在公司正式员工有多少位？**

D：28位，其中残疾员工有22位。

5. **C：你们有没有招募志愿者？**

D：目前没有招募志愿者，之前想过，但是一直不知道怎么招募。

6. **C：类似社会创智星的组织有没有为你们提供这方面的信息？**

D：我咨询过他们，但由于志愿者都是健全人，而我们要用的是残疾人，所以不知道怎么恰当选用志愿者。

7. **C：你们是通过什么途径招聘员工的？**

D：途径很简单：有聋哑群体的朋友圈，他们可以自己推荐；还有包括中残联、四川残联的公众号帮我们推荐，基本上就够了。

8. **C：在发展过程中，贵公司有没有遇到诱惑？比如是否有投资机构找到您，让您卖掉品牌或改变经营理念？**

D：诱惑肯定是有的。投资机构没有，但有些朋友咨询能不能一起做项目。现在来看，资金对我们来说并不是最重要的，最重要的是资源，或者是如何把业绩做大。另外，初心不能变，能不能坚持聘用残疾人是关键。有些人可能问：“公司稳定发展之后，能不能不用残疾人？”包括现在有些人想要加盟，也会这样问。我们目前不会做加盟，因为初心不能变，有些人一开始承诺用残疾人，实际上可能不用，这个不好控制，所以我们只做连锁、直营，自己管理。

9. **C：贵公司聘用的残疾员工的残疾程度是哪种？都是聋哑员工吗？**

D：基本都是，除了有几个老员工是肢体残疾外。聘用聋哑员工是因为经过一段时间的摸索，我们发现这个群体找工作更困难。此外，他们的肢体大多是健全的。我们公司都是体力活，受制于行业特性，所以主要聘用聋哑员工。

10. **C：从厨师到送外卖的员工都是聋哑人吗？**

D：是的。

11. **C：您觉得应该如何管理员工？**

D：刚开始我们不知道怎样管理，也是慢慢摸索，现在总体还是不错的。我们的初衷是：不仅为他们提供工作机会，更重要的是让他们在这里成长、锻炼，更好地融入社会。

12. **C：馋爱善食在哪里注册，属于哪种组织类型？**

D：馋爱善食是在工商部门注册的企业，被认定为社会企业。

13. **C：被认定为社会企业后，在政策上享受哪些优惠？**

D：国家层面，因为我们是小型企业，所以税收是减免的，这个与社会企业的认定没有关系；区域层面，武侯区有针对社会企业的税收减免政策，但是具体怎么申请我们还不知道。此外，政府拨给了我们一块地，但这个场地还没有完全落实。

14. **C：在发展过程中，与贵公司联系比较密切的部门有哪些？**

D：主要是我们的固定客户。根据聋哑员工的特性，我们在餐品制作、产品链方面做了调整。目前有两家店，一家有500份左右的固定订单，另一家也差不多，有堂食，外送订单有200份左右。这家店[①]主要针对老客户，新客户10公里之内的我们也会外送，但是占比不高。

---

① 指访谈所在的店，地址：成都武侯区天府二街1331号。

15. C：贵公司有没有使用外卖平台？

D：原来做过一段时间的线上外卖，由于一些原因现在停了，因此只做线下外卖。

16. C：贵公司有没有固定的供应商、合作商？

D：这些肯定有。我们使用的肉、蔬菜、调味品等都有固定的供应商。

17. C：成都的社会企业认证政策对贵公司有没有帮助？

D：肯定有帮助。比如为我们提供免费的场地，但是运作起来并不是那么简单，因为政府有相关的制度规定，申请流程相对烦琐。

18. C：您的意思是政府为公司提供了免费场地，但公司还没有拿到，是吗？

D：虽然免费场地已经定了，但在使用的过程中存在不少问题。我们对场地的预算投入是有范围的，超出预算对我们来说就是负担，但是现在免费场地的投入就远远超出了预算。超出预算的部分不是政府不承担，而是政府也不知道怎么承担。在场地使用中，我们垫付的资金太多，原计划投入 50 万元，现在已经超过两倍了。在做这件事情之前，我们和政府都不知道会是什么情况。比如房屋加固问题，仅加固费就超过了我们租场地费用的一倍以上，因为加固费比建房子还贵，但是如果不加固，谁也不敢用。政府在提供免费场地的时候，没有请相关机构进行鉴定，不知道房屋能不能使用，因此这个流程就有些问题了。

19. C：也就是说，政府针对社会企业的优惠政策在具体落实中还存在一些问题，对吗？

D：对。包括政府要拨给我们 10 万元，还有孵化基地，然而半年过去了还没有得到落实。

20. C：请您从产品、投融资以及市场运作等方面谈一谈贵公司的商业模式。

D：我们的商业模式刚开始梳理，现在还在孵化期。最早是上海汇丰银行帮我们梳理的，社会创智星下的社投盟也在帮我们梳理。从我们的产品定位来讲，还是走中端偏高的路线，即主要针对白领。之前为了企业的生存发展，所有订餐都接，现在我们在优化产品结构。原来的产品中有 8.5 元两荤一素的，受成本约束，虽然品质不会太好，但为了盈利，我们也在做；现在我们定位在 20 元以上的餐标，两荤两素，保证品质。在餐品好的前提下，我们又具有公益性，这样就能形成长期稳定的客户关系，这才是馋爱善食真正要实行的商业模式。仅仅通过低价位的竞争，或者通过施舍来生存，这不现实。对于残疾员工来说，我们希望他们能通过劳动获取长久所得，而不是依靠政府等机构给予的短暂帮助。所以，我们必须通过自身盈利求得生存和发展。在 2017 年底，我们就开始盈利了。

21. C：2017 年底盈利，那还是很快啊！不到一年的时间？

D：对，差不多一年，但是盈利不多。2018 年，我们实现营业额 300 万元左右，纯利润率 17%，但是前期的投入还没有细算。

22. C：年度纯利润率 17%，对餐饮业来讲是不错的表现吗？

D：可以说是不错的，毕竟我们帮扶残疾人，成本要高一些，因为对于聋哑员工来讲，他们的意识形态有些不一样。举个例子，送餐人员是必须按照严谨的客户服务标准做的，但是我们有个员工在打包外送套餐时，只装了菜而没有装米饭和筷子。送餐时客人发现了这个问题，这个送餐员工就自己掏钱买米饭来解决这个问题，但他只买了米饭，还是没有拿筷子。没有筷子，客人怎么吃饭？他没有想到这一点，这是因为他的服务意识存在一些问题。在一般人的思维里，吃饭是跟筷子在一起的。虽然他在我们这里干了很久了，但是还会出现这种问题。我们问他："拿了米饭为什么不拿筷子？"他说："米饭和筷子没有放在一个箱子里。"但事实上是他自己记性不好忘记了。虽然那位消费者是恩派①的员工，是老客户，他会自己解决筷子问题，但是新的顾客

① 恩派公益组织发展中心。

可能就不会原谅他了。

23. C：这需要公众的包容吧？

D：对，但是这个包容是我觉得不应该出现的。有些东西是可以包容的，但有些是不可以的，在服务等级上，是不能包容的。如果在服务等级上也讲包容，那还不如直接给他100元。在我们的管理理念上，是不允许这样的。员工出现这样的问题肯定是要处罚的，这种处罚具有成长性。

24. C：处罚力度大概是多大？

D：他这种错误就是罚款10元，不会太多的，太多也不现实，处罚只是为了让他长记性，不然总是出问题。他们需要学着自己解决问题，如果一味地宽容，他就不会成长，通过适当的处罚，让他形成一种正确的服务意识。以前公司的管理是比较宽松的，后来专家提醒我们不能这样，一直无原则地宽容就是害他。如果他的服务意识变好了，我们就可以补回或者奖励他，但是他必须要认识到这是个错误。所以，处罚只是一种管理手段。

25. C：处罚之后，他们会不会有情绪？

D：有些人会有情绪，有些人能接受。比如，公司规定上班不能穿拖鞋，更不能穿拖鞋进厨房，如果违反规定，那么处罚会很严厉，因为这种事情的安全隐患很大。我们的一个"墩子"（配菜师）有一次就穿拖鞋进厨房了，公司罚了他200元。一开始他不能接受，说他认错，但认为处罚重了。我对他说："你要是记清规定，认清这个事情的重要性，以后做好了我就奖励你。"在和他沟通了这件事情可能导致的严重后果后，他还是接受了这个处罚结果。经过那次处罚，公司的很多规定他都记住了，并且能遵守。我们公司很重视安全事故管理，相应的规章制度也比较严格。

26. C：您和聋哑员工是如何沟通的呢？

D：手语和文字沟通，主要是文字沟通。

27. C：你们对招聘的聋哑员工有文凭要求吗？

D：招聘的都是有一些文化的人。招聘中遇到过一两个文盲，沟通起来很困难。虽然我们现在有聋哑员工管理团队，团队主管可以和他们沟通，但是我们还是不敢招进来。因为如果员工文化水平太低，那么服务意识就会很差，我们管理起来难度也大。公司制度不严格，对一个人的宽容就会影响对他人的惩戒，从而影响公司的发展，公司垮了就是对其他人的不负责。所以为了公司的发展，员工必须养成良好的习惯，能接受公司规章制度的就留下。比如，通过公司的培养，现在有五六个骑手去美团、饿了么这类公司工作，每个月有七八千元的收入。还有几个员工通过我们严格的培训，被评为“优秀员工”。

28. C：除了员工与其他餐饮企业不一样之外，贵公司还有没有别的商业模式和一般企业不一样的，如产品、价格以及运作方面？

D：对于价格公司也探讨过，还是决定按市场定价。不能因为是帮扶残疾员工的餐厅，价格就要比其他餐饮企业高，这样做生意也不能长久。既然要参与市场竞争，我们就要做得很好。

29. C：现在的管理团队除了您和女儿，还有谁？

D：还有她妈妈，在管人事。最近我们在招募新人，投融资业务也在洽谈中。如果没有引入更好的资源，我们也不太想合作。如果引入资金，一是可以把业绩做大，二是有更多的钱请专业人士操盘，把公司做得更完善。根据目前的发展势头，我们想要做大还是很有希望的。

但是在管理团队方面，我们还是有些薄弱的。因为我们用的是聋哑员工，所以能管理好他们的人不好找。媒体采访我的时候，我也说过，在这些帮扶残疾人的行业，大家首先都有爱心，但是如果没有包容心和耐心，那么坚持不了多久。团队管理人员也必须具备包容心和耐心这两项素质，教他们做事情不容易，对于一般人来说教一遍、两遍，最多三遍就会了，但是对于他们来说，可能要十遍才能教会。有位员工本来是骑手，后来想做餐食，我们就培训他。培训不仅不用他花钱，而且工资照拿，我们是按照技术人员培训的，相比骑手，技术人员的待遇高一点。虽然他有主动性，自己愿意学，但是他接受起来还是比较慢，即使师傅、团队教了无数遍，他还是记不住。虽然很难，但我们还是想办法培训他们，让他们干个三五年。技术好的员工，如果觉得公司好可以继续干，即使不在这里干了，去别的地方也能获得工作机会。我们要为他们提供提升的机会，不能因为是残疾员工就用一段时间，还不给他们提升的机会，那样是不负责任的。

30. C：公司聋哑员工要保证多大的比例？

D：目前聋哑员工比例较高，在 75% ～ 80%。从发展的角度来看，后期会降低一些比例。现在这家店除了师傅和管理者以外，全部都是聋哑员工。我宁愿多用一个残疾员工也不愿意多赚 1 万元，多辛苦一些也愿意。但是为了公司的发展，之后也会增加一些普通员工，不过会适可而止。我估计最终残疾员工的比例会在 60% 左右。

31. C：目前贵公司有没有系统的营销模式？

D：目前还是传统的营销模式，按照快消品的营销模式来做。例如，通过开发客户、开展促销活动以及针对残疾人的文化营销来开发市场。我们想利用媒体报道等免费流量池把这些流量转化为销量，但具体怎么操作还不清楚。最近我们也在和联通、移动谈合作，看哪家的优惠力度更大一些。

32. C：与联通或移动合作的活动会持续多久？

D：大概两三个月，可能会从 8 月中旬或月底开始。如果我们的中央厨房做起来的话就会带动销量的提升，因为那边的点餐量要达到 1 万份。我们要想聘用更多的残疾员工，就必须把餐量做起来，而且要把品质做好。

33. C：目前贵公司残疾员工工资水平与行业平均水平相比如何？

D：我们这个行业如果做得好的话，20% 以下的运营成本用于发放员工工资，通常是17%左右。但是我们现在员工工资占运营成本的27%左右，工资水平要比行业内优秀企业高出10%左右。

34. C：贵公司利润中用于保障企业持续发展的比重是多少?

D：我们在公司章程上有承诺，50%的利润是不分配的，用于再投入或者捐赠。

35. C：在公司发展的过程中，您觉得经济目标与社会目标是否冲突?

D：冲突可以说有，也可以说没有，按照我的观点，就是没有。如果公司要以经济利益为重的话，那么肯定有冲突。这要看你的诉求点、出发点在哪里。我们现在选股东的时候也在考虑这些问题，其实我们还是想增加一些股东，提供资金或资源方面的支持。目前我们的资金需求量不大，但是一个企业要发展，资金肯定是要考虑的。如果招募新股东，我会招志同道合的人。

36. C：公司在发展的过程中，遇到最大的困难是什么?

D：最大的困难是业绩困难，这也是每个企业都存在的问题，包括政府对我们最大的支持应该是业绩的支持。政府只要在我们这里订餐就可以了，我们不需要政府给我10万元或者5万元，还要报各种方案，而且用完之后就没有了。但是一旦政府订餐金额达一二十万元，差不多可以维持企业发展，而且这种是通过大家的劳动获得的，是该得的。所以最大的问题还是如何实现业绩上的突破。当然证照、标准的审核也面临一些困难。因为这个行业管理比较严格，需要很多证照，有很多行业标准，但有些标准受客观因素的影响，我们还无法达到。如外商证，我们达不到外商证的标准，谁也不会破例给我们。

37. C：外商证对公司的影响大吗?

D：如果要做大餐的话，那么影响就大。例如这次的世锦赛，前期我们还在送餐。这次招标是20天左右，共200万元的费用。理论上讲，我们有很强的竞争力，但是因为我们没有外商证，所以没有资格去竞争。如果我们可以竞争的话，是非常好的，因为这个量相当于我们去年一半的营业额，而完成这个订单只需要 20 天。在能力上，我们是可以做到的。在我们拿到标书的时候，所有的规定都没要求持有外商证这一条，但是法律上是有要求的，我们只好放弃了。其实，在之前一些比赛上我们也送过餐，并且获得过媒体的报道，但这次我们只能放弃，还是有些不情愿的。这次的项目收入 200 万元，按照 10% 的利润率来算，利润也有 20 万元，而这次的利润率肯定不止 10%，可能在 15% ～ 20%，这对企业的发展来说是非常重要的。我们需要政府来自业绩方面的支持，这样才可以更好地解决社会问题。我们不仅可以给残疾人提供就业机会，更重要的是我们把样板做出来了，其他人可以效仿，这样有利于残疾人更好地融入社会，这些都是政府希望看到的，但仅靠政府又是无法做到的。其实政府也来我们这里考察过，发现有很多亮点。例如，我们这里培训的聋哑人在美团送外卖能拿到最高的工资，在其他地方这几乎是做不到的。

38. C：刚才您提到的这点我不是很理解，你们在帮美团进行聋哑人培训吗？

D：不是专门帮美团培训，而是培训聋哑人以提升他们的生活能力，这是我们的初心。馋爱善食不仅是给他们提供一个工作机会，更多的是让他们得到锻炼和成长，这才是最重要的。但他们成长起来了，如果把他们留下来，就只能拿两三千元的工资，这也不是我的初心。

39. C：是他们不愿意留下来吗？

D：不是他们愿不愿意的问题，而是这并不是我的初心。

40. C：您这是给他们提供一个成长的平台吗？

D：对。他们去当骑手，有一部分人还是我们推荐过去的，只要他们想去，能够达到标准，并且能把工作做好就可以。

41. C：他们有能力与普通人竞争吗？

D：他们与普通人是一样的，只是无法打电话。当很多消费者了解情况之后，通过短信和他们联系也是可以接受的。因为送餐的地址就是固定的区域，大概两公里以内，当他们熟悉之后，一看地址就知道是哪里，也可以跑得很快。

42. C：贵公司在发展过程中如何进行自我评价？比如，对于社会效益的评价是从哪些方面进行的？

D：其实我们最初并不是想做社会企业，因为当时我们也不知道什么是社会企业，就是想帮扶残疾人，这些发展思路也都是我女儿制定的，到 2018 年我们才知道有社会企业认定。我们公司原来的名字叫作“善食道”，做得更大气一些，因为善食道是一个做多种善事的公司，而现在的馋爱善食做的只是帮扶残疾人的善事。善食道的第一个项目是馋爱善食；第二个项目是精准扶贫，一方面是针对农民工的精准扶贫，另一方面是针对留守儿童的教育。我的女儿在四年前（也就是高一的时候）参加了四川省《川商》《华西都市报》举办的一期关于留守儿童的专家座谈会，她代表留学生群体发表了一些对留守儿童的看法，参会人员都非常认可我女儿的观点。但之后为了做社会企业，也为了把事情做得更理想，我们就把公司名字统一为“馋爱善食”，将“善食道”的名字注销了。关于社会价值，我觉得我们做这种事情其实是很普通、很简单的，就是一点一滴地去做。接下来我们要做无声餐厅、堂食。在餐厅，我们也会做一些有益社会的事情，第一件事就是为所有的市民提供免费的手语培训。

43. C：您所说的“所有的市民”是指所有来就餐的市民吗？

D：不仅是来就餐的人，路过的、专程来学习的、就餐的都可以，在下午 2：00—4：00，用 10 ～ 20 分钟的时间，或者一两个小时都可以，我们也会免费提供茶水，免费为他们提供手语培训。第二件事情是为所有的聋哑人提供发音培训，我们现在已经在尝试做这件事情，并且效果还不错，大家也比较认可。我们一年会举办一两次家长联谊活动。在一次联谊会上，有一位家长讲述了他女儿的改变：他的女儿1999年出生，已经工作了五六年了，也换过十多家公司。在这些公司中，虽然馋爱善食在工资或其他待遇上并没有很突出，但唯一不同的是，他的女儿在我们这里工作了几个月后，回到家可以很清楚地叫出“爸爸”“妈妈”。二十多年来从没有听到过女儿讲话，突然有一天竟然可以很清晰地听到女儿叫“爸爸”“妈妈”，那种感动，做父母的应该都能体会到。所以，我们做这件事情的影响力就是一点一滴产生的，虽然开始时都是一些小事，但是整体的影响力很大。

四川聋哑群体有170万人，全国应该有两三千万人，所以聋哑人占比是不小的。如果你身边有一个很好的聋哑朋友，某一天他突然清晰地叫出了你的名字，那种感动真的很不一样。另外，聋哑人如果有急事，他们既可以使用一些紧急求助的语言，也可以向不懂手语的人求助。目前，无声餐厅在微博、人民日报、新华社等相关媒体有上千万的转发和阅读量，所以我们想借此来实现我们的初衷。我们的初衷并不是为残疾人提供一份最好的工作，因为我们这里的工作可能算不上是非常好的，但是我们能给他们提供成长的机会。我们很注重员工培训，如教会他们技术、技能，像骑手培训、“墩子”技术培训等，或者将他们培养成管理人员等。他们在我们这里工作可以学到一些技能，也有利于他们在其他地方找工作，获得更好的待遇。从2017年开始，经过我们的培训，已有超过50人找到更好的工作。我们的员工中也有一些兼职大学生，虽然他们离开了，但还会经常和我们联系，这些大学生最后也都很认同我们的理念。

在其他公司，管理者可能不用完整地讲解为什么错了，但由于残疾员工自尊心强，意识或观念上也有些差异，这就更需要我们用心去维护。除了注意日常的管理沟通外，我们也会请残联的人过来做一些沟通和疏导。比如我们在这里聊天，旁边有聋哑员工，我们聊天时可能无意识地经常看他，那么他可能认为我们在说他的坏话，但如果和他沟通多了、熟悉了，就不会这样想了。起初我主要靠文字与他们沟通，因为那时我不会手语。有时为了快速开展工作，想很快完成沟通，好让员工能马上理解工作内容，于是我就用手指他们，告诉他们去哪里拿东西，在哪里做事。后来我才知道，用手“指”的这个动作对他们而言是很不礼貌的，于是我就向他们解释了我的本意，后来他们也慢慢理解了、习惯了。所以，我们要多与员工进行思想上的沟通。

44. C：从发展前景来讲，您觉得贵公司最终想要成为一个什么样的企业？

D：五年的规划是希望拥有 500 个残疾员工。

45. C：将来会开分公司吗？

D：会开，但首先是立足成都，公司拥有 500 个残疾员工的时候，再向外辐射。公司 2019 年的目标是拥有 100 个残疾员工。按照目前的速度，2019 年底我们将会有七八十个人，产品链条也将更加丰富、多元化。用一句话来概括我们的企业：以提供就餐服务来解决残疾人就业的社会企业。业务方面，目前我们以快餐为主，下一步会发展更广泛的餐饮服务，包括政府的招投标业务，多链条发展。比如，公司正在服务武侯区的政府机关食堂，有 80 人用餐。如果有三五个这样的政府招投标项目，我们就会用到一两百个残疾人士。公司之后也可能扩展到其他行业，不过首先还是要把这个项目做好，因为对聋哑员工的管理需要进一步深化，现在很多方面还不够完善。

46. C：您觉得这个行业的竞争压力大吗？

D：快餐行业的竞争压力很大，但机会也多，所以我们必须做好。我们做简餐主要有两种模式：一种是不纯粹打价格战，但会以爱心的概念做一些优惠活动，类似与移动、联通合作的活动，这种模式比较容易提高销量。对于媒体宣传领域我们也很重视。很多粉丝，包括你们也是通过其他渠道知道了我们的事情，但这些还没有转化为我们的销量，企业未来会注重由流量向销量的转化。另一种是建立中央厨房，实现提前订餐，扩大送餐范围。在送餐范围上，现在还有好多地方我们送不到，等中央厨房做起来之后，会扩大送餐范围。同时，现在大多是即时点餐，消费者中午用餐，大多数人等到十点半、十一点，甚至更晚才开始点餐，这就限制了我们的供应量。如果我们能够做到让消费者提前一天开始点餐，实现提前预订，就会降低我们的难度。比如，前一天点了1000份，所有员工的精力都可以放在“把餐做好、及时出餐、及时送到”上。但是目前我们既要跑销售，还要做很多其他的事情。

47. C：目前销售也是残疾员工在做吗?

D：目前的销售主要是普通员工在做，但是他们也会慢慢地教会残疾员工，以后也会交给他们来做。

四、访谈感悟

（一）关于创始人

馋爱善食创始人邓如斌，根据事前了解，我们称他为“邓老师”。邓老师是我们通过电话顺利预约到的第一位创始人，这既让我们的访谈有了一个顺利而美好的开端，也让我们坚定了继续访谈社会企业家的信心。

按照约定时间到达馋爱善食的一个经营点，我们见到了戴着眼镜、穿着工作服的邓老师，他正在和员工围坐在一张小圆桌旁商谈工作。他低调而谦和，没有一些所谓企业家的强大气场或盛气凌人。在访谈中，他语言朴实、思维缜密，乐于分享其管理之道，对其女儿的爱与自豪感溢于言表，给我们的直觉是：他既是一位好父亲，又是一位脚踏实地、负责任的社会企业家。

（二）关于馋爱善食

总体来看，企业小而有序。访谈完邓老师，我们参观了经营场地和厨房。公司用的是共享厨房，员工在忙碌而有序地做着各自的工作，有的在打扫卫生，有的在练习切菜，还有的在准备晚餐用品……场面安静而祥和。

在社会企业模式上，该企业属于就业整合型社会企业。在企业使命上，该企业主要解决的社会问题是“残疾人的就业及其职业成长问题”，其社会价值主要体现在三点：第一，为残疾人提供有尊严、体面的工作，让其能够自食其力，发挥自身价值。第二，关注残疾人职业成长，为其提供成长平台。该企业很注重对员工技能的培训，充分挖掘残疾人潜力，同时鼓励优秀员工“走出去”。与一般企业不同的是，该企业不害怕员工流动，相反，创始人希望其培养的优秀员工能走上更大的发展平台，发掘残疾人更多能量和价值。第三，引起社会对聋哑群体的关注，加强社会与他们的沟通。企业将要面对社会大众开展手语培训，这为他们融入社会提供了很大的帮助。该企业衡量自身社会价值的主要标准是使用聋哑员工的数量。企业的服务对象主要是会写字或会用手机打字的肢体健全的聋哑人士，以及少量不影响体力劳动的佩戴假肢的聋哑人士。

在发展阶段上，该企业已经度过了艰难的初创期，进入快速发展阶段；在商业模式上，该企业为线下外卖模式，以线下订餐为主，当前尚无堂食，即将开始做堂食；在运营特色上以聋哑员工为主，具有显著的社会使命特征，同时使用共享厨房等降低运营成本。未来企业将拓展业务范畴，发展堂食，打造“无声餐厅”。

当然，该企业也面临一些发展困境：首先，经营团队的建设与成长面临一定的困难，需要价值理念相同的有志之士加入。公司要发展壮大，还需要一个具有一定规模、功能完善的团队。公司目前尚处于起步阶段，主要靠创始人及其家人支撑，业务与战略依靠创始人，前期创意与策划依靠其女儿邓绮珈，人事管理依靠邓绮珈的母亲。尽管企业已经请专家做了五年规划，发展思路清晰，商业模式基本成熟，但在团队建设上依然面临很多难题。管理团队和股东需要有耐心、有情怀、有包容心的健全人士加入，但员工总体人数上要以残疾人为主。这里有一个难以解决的矛盾点，即初心与发展。残疾人的管理成本与实际产出效益不匹配，与普通人相比需要投入更多的培训和管理成本，同时需要培训师、管理者都有耐心；公司既需要保证一定的残疾人比例，又需要完善的管理团队。其次，快餐行业竞争激烈，业务拓展具有一定的难度。目前业务以团餐、外卖为主，主要客户是固定的几个机构，零售订单占比较少。未来努力的重点是拿到更多机构的招投标项目，但这一领域业务竞争激烈，资质审查严格，企业还需要完善自身资质。如何进一步提升社会影响力并利用员工特性在保证品质的基础上获得政策倾斜，是企业努力的重点之一。最后，企业管理服务系统升级面临一定的挑战。

在访谈中我们发现，资金并不是阻碍其发展的主要原因，这与我们的预期有些差异。创始人的理念与初心是维系社企模式的关键因素；馋爱善食的员工特征既决定了企业的发展模式，又决定了其发展速度不能太快，需要慢慢来；商业模式需要进一步创新，需要更能体现聋哑员工的特性，“无声餐厅”的卖点就很好。

总之，馋爱善食以帮扶聋哑群体为社会目标，以提供餐饮服务为经济手段，已经走出了一段不俗之路，相信未来会更好。

第二章　银谷智联：您身边的环境守护者

访谈对象：雷兵，四川智联环保科技有限公司联合创始人

访谈地点：成都市环球中心 5W21 楼

访谈时间：2019 年 7 月 31 日 9：30—11：00

访 谈 者：陈青姣

记 录 者：唐文娟　周宇宁

注：以下文中“C”（陈青姣）表示提问，“L”（雷兵）表示回答。

一、公司简介

四川智联环保科技有限公司（以下简称银谷智联），其前身成立于 2013 年，获得全国首批“金牌社会企业”认证和成都市首批“社会企业”认证，是一家利用互联网、物联网、大数据、智能化信息技术，专注垃圾分类减量化、资源化、无害化和废纺高净值化利用的环保科技创新型公司。其核心团队均毕业于四川大学或电子科技大学，曾供职于科研院校、大型平台公司、大型生产型企业。目前公司平台运营团队 40 人，精细化分拣中心 100 人，新

材料研究中心 14 人，特聘经济学和金融学教授 1 名。公司自主研发的 SLLS 系统和智能回收终端系统使企业业务运营和内部管理实现了信息化和智能化；与四川大学共建的“废旧纺织品高值化利用联合实验室”的发明专利“气凝胶”新材料，填补了国内外废纺高值化利用的空白，实现了废纺行业的技术突破，因而引领国际。银谷智联高管和股东信息如表 2–1、表 2–2 所示。

企业使命：让垃圾不再是环境的包袱，让闲置资源得到有效利用。

企业愿景：践行垃圾分类减量，构建环保和谐社区。

企业价值观：秉承社会责任，让公司成为商业向善的力量。

表 2–1　银谷智联高管信息

高管姓名	职位
熊简银	执行董事
王凤	经理
雷兵	监事

表 2–2　银谷智联股东信息

股东姓名	认缴出资额 / 万元	实缴出资额 / 万元	持股比例 /%
熊简银	500	113.5	100

二、联合创始人雷兵简历

雷兵，男，1983 年出生，四川大学学士学位，中欧国际管理学院硕士学位。现任职位：银谷智联副总经理兼社会企业总监。曾就职于中石油新疆独山子研究院，曾在延长壳牌（四川）石油公司负责销售和质检工作。

图 2–1　银谷智联联合创始人　雷兵

三、访谈内容

图 2-2　走访场景

1. C：请您谈谈贵公司的起源。

L：我们与一些社会企业不太一样，是从商业企业开始的。我和另外一位创始人——我的师兄熊简银一直在做企业。之前我在西南石油大学做航空新材料，我师兄在做化工。从 2013 年开始做废品回收时，我们了解到衣服、废纸等垃圾都可以回收再利用。随着时代的发展，这些东西的使用率提高了，每年的回收利用量都是上万吨甚至上千万吨。2017 年，我们发现了一个问题：废品、垃圾回收没有一个很好的产业链，虽然看上去规模很大，但实际上并不赚钱，所以我们就找了一个比较偏门的领域——衣物回收。当时虽然做前端衣物回收的企业有很多，但做后端再加工的很少。之前我做航空材料工作时了解到有种材料叫作“青胶”，非常好用，而且它的用途非常广泛，但国内的生产量不太大。于是，我们咨询了川大的老师，了解到“用衣服做青胶”这个想法比较好。青胶的价格是几千元 1 千克，它的市场很大，而且我们做它获得的价值比做其他东西高很多。于是，我和师兄就这件事进行了深入探讨，决定与川大合作把旧衣物做成青胶等材料。从 2017 年开始，我们专注旧衣物回收利用再加工。

在 2017 年时，我们也在思考到底想要什么。如果只是想单纯地赚钱，这个行业说实话不是很赚钱，即使青胶的市场比较好，也需要投入大量的研发成本。但针对解决环境污染这个问题，经过讨论，我们觉得这件事情还是很值得去做的。在 2017 年以前，国家并没有提出纺织服装行业是第二大污染行业的说法，也没有像现在这么重视环保，只是我们发现旧衣物已经成为一个很大的环境污染源，旧衣物处理导致的污染已经成为很大的社会问题。我们前期做了很多调研，目前我国废旧化纤、废旧纺织品的社会储量近 4 亿吨，大家以每年约 2600 万吨的量在抛弃旧衣物，而且以每年 2900 万吨的量在增加新衣物。这个量是很大的，如果把这个问题解决了，不仅会节约很多能源，也会减少环境污染。

旧衣物处理已成为一个很大的社会问题，如果按照传统模式处理，不论是燃烧还是掩埋，都会对环境造成严重的污染。直接燃烧衣物会产生有害气体，掩埋衣物会对土地、地下水等造成污染。我们了解到，目前回收的衣物主要用于公益捐赠，但公益捐赠将来可能被淘汰，因为国家已经在脱贫，穿不起衣服的人越来越少，而且不同地方、不同民族对衣服的需求不一样。我们也了解到，在捐赠的衣物中只有少数一些被使用，大多数还是堆积在那里成为垃圾。比如，四川捐赠的衣物送到甘孜州的比较多，但那边也是长江水的一个源头，垃圾污染会直接影响水源。另外，有一些公益回收被认为是欺诈行为，人们也越来越不愿意接受公益回收。所以，我们就想换一种模式解决旧衣物导致的环境污染，于是想到了衣物回收再利用。

就我个人而言，我是学材料专业的，很典型的理工科思维。在做这家企业和上一家企业之前，我一直在国企（中石油）搞科研，从事了近十年的科研工作后，慢慢觉得这好像不是我想要的生活。因为当年我在川大还算是比较活跃的，但做科研这十年尤其是刚出来不再做科研工作的那段时间，我特别不爱说话，不喜欢和别人交流沟通，就连和别人聊天都觉得很累。那时的我感觉沟通很浪费时间，觉得和人说话还不如和仪器说话，因为我思路很清晰，很清楚我想要的是什么。我习惯了做科研、做数据分析，总想把很多东西扒开，看到一些点，理出一条主线。但是后来我发现，在社会上工作是不一样的。另外，我觉得只做科研平台太小，而且我也不太想继续深造。2017年，国家开始严抓环保，但我没有办法把环保的那一套技术完全弄懂，我发现自己做科研不仅没办法做到工业化的程度，而且很累，这可能和学历有关，感觉自己遇到了瓶颈，所以就想做些关于环保的实业。

2018 年，我们通过了社会企业认证，更让我觉得找到了想要奋斗的目标。通过社会企业认证后，企业发展其实不只是我一个人在做，还有很大一群人在做，而且“社会企业”这个词是有说法的，它比较吸引人，有正能量，会让人觉得做社会企业很有使命感，愿意为其付出。只要有这么一群朋友或志同道合的人一起做，哪怕我得到的很少，我都愿意。其实在科研所的时候，我也做环保，那时我和伙伴一起骑车去天山、河区等周边的地方捡塑料瓶等垃圾，做力所能及的事情。现在，我也会带我儿子一起做这些事情，有意培养他的环保意识。我一直是一个很简单的人，认为把自己的事做好就行，不用管别人怎么样。但是，我现在发现，做社会企业这件事很有价值，可以影响到更多的人，比自己单独做环保或献爱心更有价值。在社会企业的圈子里，有解决残疾人就业问题的、养老问题的、教育问题的，等等。当然，单纯从商业角度去讲，这些还是能赚钱的，只不过看怎么去赚钱。

2. C：贵公司的启动资金来自哪里?

L：启动资金主要来源于我的师兄，我主要是以工作的方式代替投资，也就是以人才、技术的方式入股。目前师兄是全资入股，但我们签了一个协议，按照协议，师兄占股 90%，我占股 10%。

3. C：在企业发展的过程中，您觉得坚持初心难吗?

L：挺难的。虽然从 2017 年开始我们盈利了，但还是很困难的，因为投入比产出要高很多。技术方面，与川大合作的研发中心一直是我们在投入。另外，市场条件还不成熟，旧衣物回收等投入都很高，商业模式的社会反馈比较慢，人们对旧衣物回收的看法不一。我在做前端业务的时候发现一个问题：有些人有爱心愿意捐；有些人想要钱，划算就卖，不划算就不卖；还有一些人会担心回收衣物的用途，会想："我把旧衣服给你，你想干什么？"在做活动、培训来推广平台的时候，也会遇到各种各样的问题。

4. C：换句话说，公众对衣物回收的接受度还比较低，是吗？

L：是的。

5. C：那你们是如何解决这个问题的？

L：我们给客户的解释是我们不是纯粹做公益的，我们的用途有三个方面：首先，选 10% 质量好的衣服，与川大的一个定点扶贫单位结合起来，由川大送到山区等需要扶贫的地方进行捐赠；其次，约 80% 的一般布料，我们会选出来做工业材料；最后，剩下约 10% 的布料，我们会用于生产新材料。我们会和大家说："做这个事情是有价值的，你可以卖给我们，可以捐给我们，也可以给别人，只要不扔就行。"当然也有很多支持我们的人，觉得这是利国利民的好事，还有很多阿姨会帮我们免费宣传。

6. C：贵公司目前的盈利情况与同行业相比怎么样？

L：目前我们在四川应该是最大的回收站，但和全国比，我们的利润还是有些低。在四川，因为我们的回收量最大，所以整体利润肯定是最高的，但我们对每件单品的利润是控制到最低的。在回收中不仅有高附加值的旧衣物，也有低附加值的，一般企业会把高附加值的衣物回收，让低附加值的流入环境（拒收或收后扔掉），因为没有回收监管；而我们以解决环境问题为使命，将高附加值、低附加值的衣物都回收，用高附加值的衣物反哺低附加值的以维持生存，而不是追求高利润。

目前，衣物回收成本占比 30% ～ 40%，其中 10 万～ 20 万元用于维持企业运营。我们又引入一位股东，所以现在是三位股东。员工收入在同行业属于中上等水平，因为员工在保有情怀的同时也要养家糊口，我们不能因为企业要做环保和公益就同样要求员工奉献。公司给员工中上等水平的工资，要求员工在工作中践行企业的环保使命和理念。

7. C：对比贵公司最初成立时的目标，现在的目标以及将来的目标有没有大的变化？

L：目前没有太大的变化。因为我们一直坚持以“让垃圾不再是环境的包袱，让闲置资源得到有效利用”为企业使命，所以前期主要通过旧衣物回收去践行使命。随着企业的发展，之后会增加垃圾分类部分，因为我们现在有能力打通产业链。目前，我们的旧衣物回收量在西南区域是最大的，每个月回收3000吨。旧衣物回收也属于垃圾分类的一部分，这件事连接了很多团队、资源，他们也在做回收工作。从2018年开始，国家开始实行垃圾分类，我们也逐渐开始做垃圾分类这一部分工作，这样也可以实现一些盈利。

8. C：公司在经济目标上有没有发生过大的改变？比如每年盈利情况。

L：没有发生大的改变。2013—2017年公司一直亏损，所以也没有什么明确的经济目标，只想着“能盈利就不错了”。从开始做社会企业到现在，我们没有想过一定要赚多少钱，核心目标是解决环境问题。2019年的目标是旧衣物回收量突破4万吨，可以更多地解决旧衣物回收给环境造成的污染问题，其他垃圾回收量计划达到2万～3万吨。

9. C：银谷智联是纯公司、公益性组织，还是混合型组织？

L：我们属于公司。我们也发现了一个问题，对于社会企业来说，本来以商业的模式运行是很好的，但政府的考核模式更多地倾向公益性组织。所以我们认为，这是社会企业发展要面临的一个问题。

10. C：换句话说，社会企业的考核标准是一种束缚吗？

L：可以说是企业发展的束缚，但也不能完全说是束缚。政府要支持社会企业发展，但考核指标又不能按照商业企业的逻辑制定，只能用社会企业模式去实行。针对这个问题，我们成立了银谷公益，但主要经营业务还是在社会企业这里。银谷公益主要是做一些社区治理、社会服务类的工作，相当于回馈社会的部门。

11. C：银谷公益与银谷智联属于什么关系？

L：银谷公益是独立法人，是银谷智联的子公司，但它是公益性机构，我们会通过这个平台去做公益与慈善。我们一直把银谷公益当作一个品牌、一个部门来对待，银谷公益与银谷智联就是一套班子、两个部门。

12. C：贵公司与哪些社会部门有比较紧密的联系？

L：首先我们归工商部门管理，所以和他们联系较多；其次就是成都有一个比较独特的部门叫作“社会治理委员会”，简称社治委，这个部门与我们联系也比较多。工商部门主要起监督作用；社治委主要提供支持，做一些政府采购方面的业务。

13. C：公司和社区有没有紧密的联系？

L：有。在成都我们累计服务了 20 多个社区，现在正在服务的有 3 个社区：高新区的简阳社区、金牛社区、锦华社区。

14. C：具体怎么服务呢？

L：主要是垃圾分类教育培训和活动策划。

15. C：贵公司通过社治委进行对接吗？

L：通过社治委的平台进行对接，由社治委提供特定的支持。

16. C：在产业链上主要的合作者有哪些？

L：主要是前端的拾荒者，目前公司在四川省内与 400 多位拾荒者进行合作。

17. C：如何联系他们呢？

L：因为他们要卖衣服，所以我们公司有回收点。我们会与他们建立联系，慢慢培训他们，给他们定价，让他们回收后拿到回收站来卖。其实我们的社会企业有三个社会意义：一是为拾荒者这类弱势群体提供就业。二是对这类人群进行改造，把他们归入我们的品牌里面，让其更规范地回收衣物，从而不再是弱势群体。和我们合作的供应商（拾荒者）基本上可以做到一年内买车。三是与企业使命相关的，就是解决环境问题。这些拾荒者帮我们完成很多回收量，单靠我们的平台完成不了那么大的回收量，只有把这些资源连接起来、发动起来，才能真正解决环境问题。

18. C：拾荒者不再是弱势群体了吗?

L：对。他们与我们印象中传统的拾荒者不一样，我们价值链上的这些拾荒者不再是弱势群体，我们给他们的定位是生意人。只不过有时候他们会面临资金问题，需要一些资金回收废品，随着回收量的增多，资金压力越来越大，但我们会共同解决这些问题。首先，如果他们面临资金问题，我们会垫付资金，或者由平台直接支付。其次，我们会对他们进行话术与形象培训，让他们穿着整齐，注意文明礼貌。培训后，我们给他们一片区域去回收旧衣物，只要他们愿意吃苦，就可以赚到钱。如果能吃苦，一片区域一个月收4～5吨旧衣物是没有问题的。他们把回收的旧衣服再卖给我们，我们会给他们每千克1～2元的差价，就算只有1元的差价，他们一个月也有四五千元的收入，做得好的我们会给到每千克2元的差价。显然他们就不是弱势群体了，如果再努力些、勤快些，又肯动脑筋，那么一个月可以赚到1万多元。因为我们现在想做平台，把更多的利润让渡给拾荒者，所以就把西南地区的利润直接控制到最低，回收价格在西南地区是最高的。

19. C：你们和淘宝的旧衣物回收平台之间有没有合作?

L：有合作。淘宝旧衣物回收平台收的衣服都是卖给我们的，但最大的问题是他们的量有限。他们和我们的收签平台类似，针对中高端人群，必须会使用智能手机并且愿意去卖旧衣物。其实家里面收拾、处理旧衣物的主要是父母，让父母用智能手机在网上卖旧衣物不太现实；但线下不同，有人会告诉家里的老人“我来收衣服了，你的旧衣服可以卖给我”，他们觉得这个东西还可以赚钱，就会很乐意。

20. C：在您看来，成都市政府出台的社会企业政策对贵企业是否有实质性的帮助?

L：这又回到前面的问题了。我们和社治委的联系比较紧密，社治委给了我们很多帮助。成都市政府对我们也有很多帮助，政府在政策支持、帮扶层面会针对社会企业进行一些思考，思考出台什么样的政策能够帮扶社会企业。比如在高新区，政府为我们解决了场地问题，据说会为我们提供一个 500 平方米的垃圾分类教育示范基地。这样的政策支持力度很大，单靠我们自己是没有办法做到的。此外，政府采购优先考虑社会企业，我们的很多项目都是社治委出资让我们去做社会服务的。

21. C：贵公司现在有没有接受募捐?

L：没有。我们的启动资金完全依靠自筹，目前的收入都是通过经营获得。

22. C：请您谈谈贵公司的商业模式，包括业务模式、盈利模式等。

L：我们的垃圾分类业务链条包括四个环节：前端教育培训、多回收渠道、收运系统、分拣再利用。我们把垃圾分类业务划分为三个部分：第一部分是前端教育培训，虽然可以为我们带来收益，但占比不大，不到总体收益的 1%，主要起品牌宣传作用；第二部分是收衣体系，我们构建了一个开放性平台，从中收取平台管理费，收益占 10% 左右；第三部分是再利用，这是我们利润的主要来源。我们把回收的旧衣物作为工业原料的再生棉、再生纤维进行销售，可以占总收益的 60% ～ 70%。

23. C：与同行相比，贵公司的优势或特色在哪里?

L：一是在模式上，我们不是以利润最大化为目标，而是以解决环境问题为目标回收更多的废品。我们把回收废品的很多利润都让渡给了前端的拾荒者。在成都也有其他的废品回收企业，他们利用政府的政策在很多时候可以免费回收废品，然后再卖给我们，这样他们的盈利率就很高。二是我们在技术上有优势。我们的主要盈利点是废品的资源化、再生化、价值化，我们和川大合作建立废品研究中心，有自己的团队和技术平台，可以获得技术上的优势。

24. C：贵公司的服务对象有哪些?

L：主要服务对象是居民。居民的吃、喝、用都会产生垃圾，我们把这些垃圾回收，减少环境污染；我们保护环境的最大受益者也是居民。虽然我们也针对拾荒者做一些事情，但这不是我们的关键点，我们的关键点是做环保，而不是解决就业问题。

25. C：那可以理解为服务对象是社会公众吗?

L：对，这样理解更好。

26. C：贵公司在发展过程中如何处理社会目标与经济目标的关系?

L：肯定是社会目标优先。

27. C：两者有没有发生冲突的时候?

L：肯定有冲突。以回收领域为例，如果以经济目标为主，就必须放弃低附加值的产品，但是我们不能这样做，这样做对环境产生的负面影响很大，如果这样做就违背了我们的初衷。

28. C：如何区分您所说的高附加值、低附加值产品?

L：一是看新旧程度，有些衣物比较新，有些衣物比较旧，新的附加值就高；二是看是否干净，比较脏的衣物附加值就相对低。但最主要的是看材质：纯棉、纯纤维的衣服附加值比较高；涤纶的附加值低些；混合材质的附加价值最低，因为混合材质的衣物不容易回收利用，材料不容易分离，所以其分离、回收再利用的技术成本很高。

29. C：从社会价值来看，您如何评价公司过去几年的贡献？

L：单从不让旧衣物重新流入社会这个角度来看，从 2018 年开始到现在，我们差不多每个月回收 3000 吨旧衣物。根据国际回收组织和哥本哈根研究院的数据，我们每月减少碳排放 10800 吨，每月节约水 1800 万吨，还有减少化肥使用、农业使用等。如果 30 万吨的旧衣物流入环境，它的降解需要 10 年、20 年，甚至更长时间，对环境的破坏可想而知。同时，在解决社会就业方面，我们也做出了一定的贡献。

30. C：贵公司在成都属于行业领头羊的位置，从全国的角度看，处于什么位置呢？

L：就全国范围而言，我们还有很长的路要走。环保再生利用方面，我们还需要向更好的企业学习。比如，广州普联做得比我们还要好，很多东西是他们在帮我们做处理，我们联合生产新材料。但是我们不会向他们靠拢，最重要的是做好自己。

31. C：为什么不向他们靠拢？是因为价值理念不一样吗？

L：对，我们的价值理念不一样，因为他们是商业企业。很多商业企业在前端和我们一样回收，但在后端的处理上是不一样的。很多企业在后端集中处理方面存在一些问题。比如，将回收的垃圾集中送到非洲等国外落后地方，这样做只是保护了一个地方的环境，但对另一个地方又造成伤害。我们不能这样做，因为环保问题是一个系统性、全球性的问题。当然，我们在技术上和别人也有差异，还未能做到大品牌的水平。所以，我们也会不断提升自己，继续做好自己的后端，坚持自己的初心。

32. C：在经济目标与社会目标方面，贵公司在发展过程中是怎样进行自我评价的呢？

L：首先，我们不是把经济指标作为考核标准，而是把社会指标作为考核标准。考核就是看每个月旧衣物的回收量，当然这个量关乎最后的经济目标，但经济目标不是我们关注的重点。从商业角度来讲，行情有高有低，低了可能亏损，但这不是我们主要考虑的。我们主要考虑的是每个月回收了多少吨旧衣物，能够做多少个社区的垃圾分类教育和宣传，这是我们的考核重点。

33. C：对于经济目标公司没有具体的考核吗?

L：目前的体系内没有具体考核。因为我们几个股东一致认为，只要回收量达到了，解决了社会问题，体现了社会价值，经济目标自然就实现了。

34. C：贵公司现在有多少名员工?

L：目前有 80 多人，主要分为两个团队，运营团队和分拣中心。运营团队的员工都比较年轻，他们主要负责平台推广、活动宣传、教育培训等；后端分拣中心主要找当地的一些农民工来做，主要负责把衣服按要求进行分类。

35. C：分拣中心的农民工占员工总人数的多少?

L：占 60% 左右，有 40 多人。

36. C：未来分拣会考虑机械化、智能化吗?

L：会考虑，但不是现在，可能要等完善了后端产业链之后再去做。

37. C：请谈谈您对社会企业的看法或感受。

L：做社会企业需要情怀，但光靠情怀还不够，还要做实事。根据我的了解，中国的很多社会组织已经变质了，打着做公益的噱头在牟利。比如旧衣物回收，一些社会企业利用政策获得一些机会，但是有利润的就回收，没有利润的就不做，并且不允许别的企业触碰它的地盘，这样做很过分；还有一些社会企业，通过上报漂亮的虚假材料来获得政策支持，最终可能只有一小部分人受益。当然，它们可能认为，要生存就得这样去做，不这样做就会被同行嘲笑为傻瓜，甚至无法生存。我们对圈内做社会企业的人讲："第一，我们要活下去；第二，在活下去的基础上，趁年轻做点好事。"其实，社会企业就是可持续的慈善组织。说到底，这个可持续性与创始人或董事长的情怀、价值观有关。

现在社会企业中存在的问题是：门槛很低，大家都能进，不仅进了之后随时都可以撤，而且很容易发展，因为社会企业关注的这几个点从盈利角度来讲是很容易做到的。比如之前提到的残疾人就业、养老、教育咨询等，前景都很好，就看在做的过程中愿不愿意坚持初心和情怀，持续做到低价、广泛覆盖，如果公司有一定基础了就涨价，那么这个公司就变质了。

38. C：对于可持续发展问题，请问贵公司未来的打算是什么？比如，是否考虑构建一个生态系统等。

L：我们一直致力构建一个生态系统，只有构建生态系统才能更好地解决可持续发展问题。我们的拾荒者就是生态系统中的一环，先把这个环节梳理起来，再把后端梳理起来，这个生态系统就会自动循环、造血，而生态系统最大的问题就是自我造血功能。

39. C：除了拾荒者，还有哪些是贵公司生态系统中的关键节点？

L：另外一个节点就是分拣。衣物被分拣得越好，回收再利用的价值就越高。本系统中最核心的环节就是后端再利用，一定要做好。系统的第一个环节是旧衣物回收，然后连接到做塑料、废纸、再生，通过它们把价值提高，再返回前端，这个链条就可以运行起来。我们现在构建的生态系统是一个闭环：垃圾进来、产品出去，在这个过程中间赚钱。

40. C：在社会目标的可持续方面，贵公司是否会考虑产业链的拓展、升级或其他方面？

L：公司目前处在拓展阶段，已经从“旧衣物回收”拓展到“垃圾回收处理”。旧衣物回收这条产业链已经循环起来了：我们的前端买了车，解决了短途运输成本问题，这些车分布在四川省各个地方；前端拾荒者做回收，他们回收后集中到我们这里进行处理、再利用，这个链条就闭合起来了。链条的闭合运转使后端更精准、企业价值更大，从而实现可持续发展。

对于社会目标的可持续，还有一个方面就是各环节收益平衡的问题。比如，如果我们想赚钱，一吨旧衣物的收购价降低0.1元，就可以多赚30万元；收购价降低0.5元，就可以多赚150万元，但是前端拾荒者就会少赚150万元，这样每个拾荒者的收入都会有所降低，这个事情继续下去就会出问题。所以在这个系统中，如果让利润流动起来，就要在链条中合理分配，自己不能赚多了，否则会影响整个系统的可持续性。公司要赚钱，就要找一个核心点，要把这个核心点做好。这如同把蛋糕做大，每个人都可以多分一些，让链条上每个环节的收益都有所提高，而不是压低前端的利润、克扣链条中弱势群体的收入。我们的重点是把后端再利用做精、做好，用这一环节的利润反哺前端。

41. C：您认为贵公司现在的组织结构是否健全？

L：按目前的发展来讲，结构是健全的。但从未来的发展来看，还需要不断地完善。

42. C：贵公司的核心部门是什么？

L：两个核心部门：运营和分拣部门，财务部门。

43. C：可以谈一下企业未来的规划吗？

L：我们做了三年的规划：2019年的目标是把前端模式做到规范化、标准化，同时把后端的分拣做到标准化；从2020年开始，重点打造一个再利用的工厂；2021年的目标是把公司在四川省内的业务做到完全标准化、可持续化，可以复制到其他地区去。

四、访谈感悟

（一）关于联合创始人

联合创始人雷兵，用简洁、朴实的语言系统地介绍了公司的运营发展情况和价值主张，为我们揭开了环保社会企业的神秘面纱。他给我们的整体印象是：理科暖男、朴实无华、温文尔雅，擅于化繁为简，乐于分享经营。“低价、广泛覆盖”是他对社会企业的高度概括。“我可以有情怀，但我不能要求别人有情怀；员工不仅要有情怀，还要养家糊口”是他维持企业盈利的源动力。价值分配的均衡性是他认为商业系统可持续的关键点。

（二）关于银谷智联

公司进入稳步增长期。公司主营业务、价值体系和商业模式均很清晰，组织架构完善，创始人团队、高层管理和运营团队的专业素养较好，整体实力较强。公司在战略定位、企业文化、形象宣传、流程设计等方面已聘请高级咨询团队进行规范与设计，形成“绿色”“环保”“社会责任担当”“可持续”的企业形象。公司所选行业是具有很大潜力的环保行业，涉及垃圾回收、分类与再利用，垃圾分类教育与咨询。公司打造了具有一定规模的商业生态系统，系统关键节点包括：拾荒者、社治委、银谷智联（中心点）、分销商、再生产品购买者或使用者、联盟组织成员、商业合作伙伴。其中，公司就研发领域与四川大学展开深度的校企合作；联盟组织成员包括中国循环经济协会、中国再生资源回收利用协会、深圳市中国慈展会发展中心、北京大学公民社会研究中心、中国人民大学尤努斯研究中心等近 20 个组织；合作单位包括广州普联新材料科技有限公司、菜鸟驿站、拍拍二手等 17 个单位。公司创始人前期有一定的资金积累，截至目前不缺资金，已引入第三位股东。

第三章　学境教育：社区教育市场化的先行者

- 访谈对象：周木森，学境教育咨询社会企业成都有限公司创始人
- 访谈地点：四川成都市高新区锦城大道 800 号锦城社区党群服务
- 中心二楼
- 访谈时间：2019 年 7 月 31 日 15：00—17：00
- 访 谈 者：陈青姣
- 记 录 者：唐文娟　周宇宁
- 注：以下文中“C”（陈青姣）表示提问，“Z”（周木森）表示回答。

一、公司简介

学境教育咨询社会企业成都有限公司（以下简称学境教育）成立于 2015 年 3 月，由四川大学公共管理学院研究生团队创立，是一家专注为成都市民提供专业社区教育服务和创新解决方案的社会企业。2018 年底，学境教育被成都市工商局正式认定为“成都市社会企业”，成为成都市首批被认定的 12 家社会企业之一。

企业使命：努力为成都市民提供优质的社区教育产品和服务，通过市场

化和公益化的方式，满足市民多样化、个性化的终身学习需要，让家庭和社区因学习而更美好，以促进城乡教育统筹发展。

企业愿景：成为成都市社区教育和社区治理创新发展的引领者，推动亿万家庭参与终身学习。

企业目标：在5年内，使“社区微学堂”社区教育品牌项目入驻50个城市社区，直接服务市民10万人，助力城市社区打造高品质、和谐、宜居生活社区；在乡村地区探索社区教育，助力乡村振兴新模式，打通成都市城乡社区教育公共服务“最后一公里”，促进城乡教育均衡发展，让成都市民更好地拥有幸福感、获得感和归属感。

公司价值观：用心、学习、行动、坚持。

学境教育以社区教育为切入点，在四川大学公共管理学院的支持下，与成都市教育局、成都社区大学等单位合作，逐渐成为成都市社区治理和社区教育领域的重要创新力量。学境教育在城市和乡村分别探索市场化和公益化的运营模式，满足了市民多样化、个性化的终身学习需求，在城乡社区治理和乡村振兴战略实施中起到了一定的作用，致力成为打通社区教育城乡公共服务“最后一公里”的重要社会力量。学境教育业务类型如表3-1所示。

表3-1 学境教育业务类型

<table>
<tr><th>业务方向</th><th>业务类型</th><th>项目点</th><th>特点</th></tr>
<tr><td rowspan="5">业务方向一</td><td rowspan="5">政府采购</td><td>成都社区大学</td><td rowspan="5">社区善学促进社区善治</td></tr>
<tr><td>东部新区石盘街道</td></tr>
<tr><td>东部新区草池街道</td></tr>
<tr><td>高新区桂溪街道</td></tr>
<tr><td>高新区石羊街道</td></tr>
<tr><td rowspan="3">业务方向二</td><td rowspan="3">以市场运营为主、政府补贴为辅</td><td>石羊街道锦城社区</td><td rowspan="3">家门口的普惠品质学堂</td></tr>
<tr><td>石羊街道锦羊社区</td></tr>
<tr><td>草池街道绛溪社区</td></tr>
</table>

二、创始人周木森简历

周木森，男，1990年生，四川大学管理学硕士，学境教育执行董事兼总经理。主要工作经历：2016年12月6日至今，成都森竹文化传播有限公司股东、监事；2015年3月3日至今，学境教育法人、股东、执行董事兼总经理。

图3-1 学境教育创始人 周木森

三、访谈内容

图3-2 访谈场景

1. C：请您谈谈贵公司的起源、成立的初心及源动力是什么？

Z：学境教育起源于2015年3月。老实讲，一开始我们并不知道什么是社会企业，因为那时国家也没有出台相关政策，再加上社会企业在国内也是一个非常前沿的领域。其实我们内心一开始想做的是青少年的夏令营、研学旅行方面的教育，这是我们想清楚的一件事情。在当时的创业团队中，我们很多人都有一个共同的经历：在山区当支教教师。在支教过程中我们发现，有很多城里的家长希望我们带他们的孩子到山区去，去感受一下乡村、做一些服务，希望孩子能在这个过程中成长。于是，我们讨论这是不是一个商机，并从这点出发开始尝试创业。那时我们还是学生，完全不懂创业是什么。最开始的办公室是我们学院①的会议室，白天学院领导要在会议室开会，我们就晚上借用会议室开会。在创业开始的前半年，我们没有自己的办公室，全是在这样的氛围中不断地与同学探讨。最初的团队中，创业伙伴几乎是来自四川大学不同专业的同学，现在很多人都已经走向各自的工作岗位了，没有再创业。其实在2016年左右，有一些人就陆陆续续地离开了。

一开始我们着力开发一个研学旅行的项目。我们带着城里的孩子到我们的支教点——四川甘孜州的乡村，开展“坚果计划”夏令营，帮助青少年成长。那时我们的想法很简单，想从这个点出发，一边做有意义的事，一边挣钱。

在学生阶段做这件事的时候，我对创业的理解不过就是家里支持几千元起步，我和小伙伴一起努力养活自己。现在看来，当初这些想法都是那么幼稚和简单。

2015年8月对学境教育而言是一个重要的转折点。当初在创业的同时，我还跟着学院的一位老师做课题。在一次课题访谈中，我们遇到了做社区教育的市级指导机构“成都市终身教育促进办公室”的领导和相关人员。其实

---

① 具体指四川大学公共管理学院。

他们有两块牌子，一块是“成都社区大学”，另一块是“成都广播电视大学”，他们关注成人教育和终身学习，主要指导全市的社区教育工作。通过交谈和后期的观察，他们发现我们做的事情和社区教育有很多地方可以结合，问我有没有兴趣做社区教育工作。当时我对社区教育完全不了解，但为什么会选择做，主要是考虑到社区教育能更贴近居民，可能有利于青少年夏令营的招生。基于这样的目的，我们决定试着做，没想到后来竟然做成了主业。2015年8月，我们的社区教育业务走进了成都市。

成都广播电视大学一开始委派我们做社区教育的时候，希望我们能够在基层做一些尝试和探索，我就和伙伴说：“既然让我们团队做，我们就先做着。”我们那时刚开始创业，做一个项目亏一个项目，非常受挫。每天都在问自己“我们的未来在哪里”，那时团队每人每月的工资只发200元，每月大概只需要2000元就可以支付全公司人员的工资。团队总得有事做，于是我们试着排课，试着去请教师，能教的就自己教，不能教的就请人来教，从而赚一些管理费，一节课450元，给教师200～250元，自己团队能赚200元左右。

就这样，也没想太多，我们就开始学着做招生、拍照、签到、资料管理等事情。

刚开始报名时，我们没想到居民的学习热情竟然这么高涨。第一年开了两个瑜伽班和一个英语班，报名学习旅游英语的居民最多时有六七十人。第二年报名的人比第一年的还多，每个班都有更多的人参加，总共大概有两三百人报名。我们的舞蹈室如果要练瑜伽，最多能承载30人，按35人算至少也要开8个班，每年市里最多支持3万元，所以我们无法为那么多人提供服务。在这个过程中还面临着资源有限的问题——师资有限、场地有限，但居民的需求呈多元化，除了瑜伽、旅游英语外，还有跳舞、唱歌等更多的需求冒出来了。那么，怎样才能够回应这些需求？我当时很为难，甚至反思了一下我们的工作状态：一节课450元的补贴，我们每月负责收集和管理七八节课的课程资料、签到表、教师的银行卡号等资料并提交到市里，然后市里往我们相关人员的银行卡上打钱，扣除教师的费用后，我们一个月的收益只有 1000 元左右，拿什么去回应居民的需求呢？所以，我们也没有任何动力继续做这件事情。

在这个过程中，我们还发现一个现象：资源浪费。很多居民报名却不来上课。报名的居民很多，我们也编了很多班，委托方说："有多少居民，你就回应多少需求。"我们把 300 人分成了七八个班，每个班上课的人数是 35 ～ 40 人，但每次实际到课的只有几个人，因为是免费的，所以他们不珍惜。通常五六个人享用本该二三十个人享用的专职教学资源，这是极大的浪费。因为我的专业是公共管理，所以看不惯这种公共资源的浪费。一学期结束后，我干脆就把这五六个人的班级整合了。

所以，当时我们面临三个问题：第一，居民多元化、高品质的需求增多；第二，场地资源和政府资金不足，我们没有办法做到真正意义上满足居民需求，导致缺乏足够的动力全身心投入这件事情；第三，以前的模式存在很大的资源浪费和不可持续性。面对这些问题，我们开始寻找解决方案。

解决问题之前需要先分析原因，于是我们找了很多居民进行访谈。他们告诉我们，因为大家觉得这是社区的公共服务，是好东西，所以就先报名进来。因为这对他们来讲没有任何成本与代价，所以他们也不珍惜这样的学习机会和资源。但对我们来讲，这既是一种资源浪费，又是对我们劳动和付出的不尊重，所以我就想能不能在这里面尝试做点什么。2016 年，我们尝试让居民先交保证金，要学习的话先交 100 元或 50 元保证金，等学完了再退还，没学完的钱就没了，至少得让居民先付出点。实践证明，交保证金对出勤等各方面都有提升，感觉资源利用效率比以前高，但还是没有从根本上解决更多居民的需求问题和内在的动力问题，于是我们开始尝试收费。

最开始收费是 10 元一次，一次一个半小时。就在我抛出"收费 10 元"这个概念时，前后有两个星期，每天我都要接待居民来访。"政府不是给你们补贴吗？为什么收钱？ 10 元太高了……"，居民各种意见都有，甚至连社区书记也不认可收费模式。当然这件事我提前向书记汇报了，我对书记说：“你给我一次机会，让我试一试，如果试不成我就不干了，试得成我继续干。”总之，哪怕收1元，我都必须收，不收这个钱我们没办法做这项工作。

2. **C：请问最初是哪个部门资助你们两三万元来做社区教育？**

Z：其实就是成都广播电视大学，它指导全市社区教育工作，也想在基层社区做一些具体工作。

3. **C：它是把你们当作外包机构吗？**

Z：对，这算是我们第一次真正意义上尝试与政府做项目。在创业的前半年，我们没有做过政府项目。在做的过程中，我发现我们满足不了百姓的需求，因为资源有限，而且我的需求也就是想多挣一点钱，因为需要养团队。

4. **C：最初的社区教育项目对居民是免费还是低价？**

Z：免费。政府把它当作公共服务来做，使用了很多资源。

5. **C：您推出收费模式后，收的钱用到哪里了？前期是否有计划？**

Z：这就是我们的收益，用于扩大规模、改善经营。其实当初我们并没有要分配，就是觉得这件事要收钱。一开始大家不理解，后来觉得一人一次10元，一个学期一门课16节才160元，也就接受了。一年有300～400人报名参加，一般报两门课，一年收入超10万元，这比我们向市里争取的财政资金的5倍还要多。我没想到这件事还能赚钱，我比之前更有动力了。因为之前大家有什么需求都要依靠政府支持，政府没钱支持就干不了了；而现在变成了居民有什么需求，我们给予回应。如果参加的人更多，我们的收益也会增加，所以我愿意花更多的精力去做好这件事。迄今为止，我们所有办公人员都在社区里与居民进行充分的互动，几百位学员我们几乎都认识，至少见了眼熟。在实践中，通过和居民进行更深层次的交流后，居民的需求越来越多地被发现，我们的回应力度也不再只有瑜伽和英语，课程也越来越丰富，现在有30多个班级、20门课程。

6. C：贵公司的启动资金来自哪里?

Z：都是父母给的。关于启动资金的来源，起初我不想让任何人投入资金或占股份，原因有两个：一方面，公司很小，很难评估它值多少钱，也没办法和大家谈股权的问题；另一方面，万一亏了就亏我一个人，至少大家不亏。所以最开始的时候，100% 的钱都是我拿的。当然，我的资金全部来源于我的父母。

我家在农村，全家一辈子可能就积攒了 20 多万元，就是普通的农村家庭，父母在工厂打工，攒点钱本来是想给我买房子用的。我开始以为，创业只需要花 1 万元或者 5000 元就够了，没想到 1 万元 1 个月都没有坚持完就没有了。后来觉得，既然前期 1 万元都投了，那就只有再投。前期做的那些研学旅行活动项目几乎招不到学生，项目设计开发速度也很慢，又没有相应的资源支撑，那个时候团队其实每做一个项目就亏一个项目。一直到 2016 年前后，项目投入了大概 20 多万元，基本上是亏钱的。那个时候家里也基本没钱了，只剩下一两千元。

7. C：您刚才讲到就算亏了 20 万元都是您家里的钱，那您是怎么坚持下来的呢?

Z：因为你不坚持的话就会血本无归，但坚持下去也许还有机会。另外，可能缘于在创业过程中，我渐渐地发现了很多有趣的社会问题。当时我个人其实不怎么关注挣钱，我一直在想“这些问题应该有更好的解决办法”。其实就是在这些实践过程中一点一滴地积累，后来就做成了一家社会企业。

最初我们只知道要做有良心的公司，不懂什么是社会企业，完全没有概念，也没有关注这个问题，就是跟着实践走，先在实践过程中慢慢发现问题，再思考这个问题产生的原因以及如何解决。在这个过程中，我们逐渐找到了一条作为社会企业发展的道路。公司成立那一天，我们所有人聚在一起研究了公司的使命、愿景、核心价值观。核心价值观是：用心、学习、行动、坚持。直到现在，我们每个人的工作服上面都写着我们创业团队的核心价值观，这是我们对这个团队的期待和我们做这件事情的使命感。我们要做一家有良心的公司，我们承诺不昧良心赚钱。

8. C：贵公司关注的是哪些领域的社会问题?

Z：我们致力为社区教育提供多元的、更好的解决方案，提升公共服务的质量和有效利用率。

9. C：贵公司是在政府的引导下做社区教育吗?

Z：是的。我发现了社区教育服务过程中的问题：效率不高、质量不好。2017 年，我的硕士毕业论文写的就是“城市社区教育服务多元化研究”，最早的命名是“市场化供给研究”，后来改成了“多元化”，因为它不仅是市场化问题，还提到了多元渠道，包括政府、社会等多种力量的介入。

10. C：学境教育的组织性质是企业、公益组织，还是混合型组织?

Z：定位是企业。从成立的那一天起，我们就确定了一件事情：我们不是社会组织。我们非常坚定地知道我们的定位！因为我们这个组织里面有些人曾参加或创办过公益机构，甚至有些人还做得非常成功，包括我本人在大学期间也做过很多社会实践，通过很多公益组织与基金会打交道、与公益机构打交道。我创办公司的核心目标是光明正大地赚钱，让客户“用脚投票”。在这个过程中，至少有 100 位朋友在将近 4 年的时间里，无数次地向我建议过做一家公益组织，我们都坚决不做。直到2018年，我们被认定为社会企业，才弄清楚自己原本是一家社会企业，这让我们找到了价值认同。

11. C：谈到社会企业认证，当时是有人找到你们去做认证，还是你们主动去申请的?

Z：是我们主动申请的。2018 年 4 月，成都市人民政府出台《关于培育社会企业促进社区发展治理的意见》。我的专业是公共管理，会了解很多政策，当然也有朋友推荐给我。我仔细地读了很久，大概知道了政府为什么要出台这个政策。从出台政策到正式申报，中间大概有 4 个月，这期间我每天都在关注政策发展，关注下一步有什么消息。4个月的密切关注让我更加确信：我们其实就是政府正在寻找的一种社会企业，我们是完全够格的。我们是社会企业，但我们不是图这个虚名。社会企业认证至少让我们的定位不再像以前那么尴尬，别人说我做企业干得却更像是公益组织的事，但真让我完全做成一家纯粹的商业型公司，也不是我个人的兴趣和价值点所在。所以，我认为自己其实很适合这个身份。

12. C：在企业发展过程中，与贵企业联系比较紧密的社会部门有哪些？

Z：政府是我们最大的相关部门。从2015年承接第一家事业单位的社会服务至今，我们在成都与各区县的教育主管部门以及乡、镇、村、社区、街道等在不同层面上都建立了联系。所以，目前公司营收中，60%～70%是由政府财政或相应的专项资金以项目的形式支付的。我们以市场化的形式做公共服务会面临很多困难。公共服务市场化在中国依然处于起步和探索阶段，现在也只有锦城社区的社区教育市场化实践还比较系统、全面，其他点位都只是在很小的层面上推动此事。百姓对公共服务从免费到付费的认知转变其实没有想象中那么简单，也许年轻人觉得10元、20元不多，能够接受这种付费方式，但是老年人习惯了老年大学，习惯了以前免费参加的服务，就难以接受付费方式。“为啥你们这里收费？政府不是都给你们钱了吗”，这是很多人问过我的一个问题。

13. C：那你们怎样进行沟通？怎样说服老年人呢？

Z：他们说：“我以前住的地方很好，啥都免费。”然后我说：“这里是锦城，是一个新的社区，每个社区的情况不一样。现在你也能够享受到一些免费服务，比如居民家里的电脑坏了、智能手机不会使用等问题，全都是我们在解决。”我们每年会开设公益性的课程，面向居民解决很多生活中的小问题。除了提供免费服务外，我们还简化了享受公共服务的流程。以前享受公共服务需要到指定地方登记报名，在我们这里则只需要打开手机，报名、签到等所有步骤都能在网上进行，不需要居民来回跑。课程培训中还专门提供开水、水果等附加服务，所以百姓还是认可的。

14. C：成都市政府针对社会企业出台的相关政策对公司产生的影响大吗？

Z：还是很大的。之前我们是一家普通企业，很多社区在和我们合作的过程中存在一定障碍，因为在公共服务外包领域指定的都是在民政局登记注册的社会组织，现在很大一部分社区开始允许并鼓励社会企业参与社区公共服务。另外，以前大家总觉得企业做社区服务名不正、言不顺，因为企业是为了挣钱。有了政策的推动，社会企业身份促使业务能更好地开展。我们在和基层政府打交道的过程中，他们可能不懂什么是社会企业，但他们知道成都市在培育社会企业，至少知道这个方向没错，所以很多事不再需要领导背书或做更多解释。

15. C：企业的收益 100% 都来源于经营吗？

Z：是的，没有接受任何捐赠。

16. C：请您谈一谈贵公司的运营模式，包括产品、市场、投融资以及战略规划等方面。

Z：我个人其实还没底气和大家谈这些。虽然我们已经在这方面进行了运营和实践，但是很多东西还没有想得很清楚，还在进一步规范中。我们觉得能被认证为社会企业，更多的是因为大家看到了我们在这方面的思路和模式。在 2016 年、2017 年，我们没有太多的事情可做，针对青少年的业务做不起来，只能做好当下的社区教育，于是我们将所有精力都放在了社区教育上面。这几年我们的工作得到了越来越多的行业、政府机关的认可，机会比以前增加了很多。机会增加了之后，公司业务也不断增加，目前大概有以下两条主线。

一是在城市社区中运营社区微学堂，未来可能衍生出社区教育综合体。我们有一条核心思路：把社区教育作为一种准公共产品提供给市民，它类似地铁、医院、学校等公共事业，但严格意义上，不能完全把它当作一种纯公益性服务。这其实涉及公共产品与准公共产品的差异：公共产品具有非竞争性和非排他性，而准公共产品具有一定的竞争性和排他性。比如，社区教育中的瑜伽培训，一个班招 30 人，再多就会影响学员的学习效果和内容。对于准公共产品，政府需要履行公共服务职责，应当投入并给予补贴；但作为百姓，在享受公共资源和公共服务时，也不能认为政府就应该免费提供，百姓也要参与和投入，这样才能提升资源利用率。所以，政府要建立一个多元的投入机制，让居民更多地参与进来。这就是我们的城市项目，是以社区为单位的社区教育市场化的探索。

二是为乡村的社区教育服务。我在大学期间做过 5 年的乡村支教，对乡村很有感情。2017 年，党的十九大明确提出乡村振兴战略。自 2018 年 2 月起，中共中央、国务院陆续推出关于实施乡村振兴战略的意见，同年 9 月出台了《乡村振兴战略规划（2018—2022 年）》，随后出台了一系列的配套方案。在2018年初我们有一个机会，这个机会还是成都社区大学为我们提供的。作为市属大学，成都市政府在周边的一些乡村给它们分配了相应的扶贫任务，但乡村社区教育该怎么做，标准该怎么定，大家都在探讨。我们想抓住 2018 年这次机会，试着做一些探索，能否也让我们的村民拥有更好的精神文化教育生活。我觉得特别有意思，因为在党的十九大报告中，习近平总书记强调，“我国社会主要矛盾已经转化为人民日益增长的美好生活需要和不平衡不充分的发展之间的矛盾”。我们当前的社会主要矛盾其实就是人民对美好生活的向往和如何回应这种需求之间的矛盾。所以，我们接到任务后就在一个村子里摸爬滚打了半年多时间。其间，我们下乡次数多达七八十次，做的事情也是多方位的。例如：下乡组建村民广场舞队、腰鼓队；每个周末给孩子们提供一些课外活动，戏剧、音乐等各种各样的主题教育活动；父亲节举办让留守儿童给父亲写信的活动；举办乡村运动会；组织当地村里、社区的孩子去敬老院慰问老人；等等。我们把这半年做的事情写成了一本书。后来市领导也给予了我们很大的肯定，他们没想到我们在一个乡村里居然能做出这么多事情。我们当时就是倾其所有地投入，边思考边做事，在乡村真正和百姓打成一片，村子里几乎一半以上的村民都认识我，见面都打招呼，领导再到那个村去的时候，感觉全村人都认识我。领导说：“从这一点上看，就知道你工作一定是做到位了，不说别的，老百姓都认识、喜欢你，这就是凭证。”加之市里的工作安排要突出社区教育与乡村振兴相结合，于是就在我们工作的村子里召开了全市的乡村振兴研讨会，有100多位市级领导干部前来学习经验。由此，我们对“在乡村振兴背景下如何做好乡村社区教育”有了更多的思考和实践。后来，有很多乡村陆陆续续地主动找到我们，也有领导推荐我们，先后有十多个村子让我们去做乡村社区教育。

简言之，我们现在有两条主线：一条是在城市探索社区微学堂；另一条是在乡村探索乡村文化建设，探索如何在乡村提供有效的、能够满足百姓需求的服务。

就在上周，我们组织了8个村的小朋友开展了为期5天的乡村夏令营，其中有4天在村里，1天在成都市参访大学、科技馆、四川省减防灾教育馆等。我们带乡村的孩子到城市研学，参与研学带队的员工都是大学生。我们有一整套培训系统，可以根据需要设计很多课程，但目前大多数依靠政府采购。

我们在乡村逐渐探索出一条路。在成都市的城乡接合地带，随着政府职能的延伸和公共服务的不断强化，以社区微学堂为代表的公共服务越来越强大。成都周边新修建了很多社区及社区综合体，大概有几千平方米，都是做社区公共服务的。我们也在想办法将微学堂的一些办学思想和理念辐射、延伸至乡村和城乡接合地带。例如，成都天府国际新机场脚下的绛溪社区，他们的负责人天天揪心，新楼要建好了，设施也快配齐了，却不知道该怎么用！这个小区的居民全部是由拆迁导致的失地农民，他们搬到新家就天天跳广场舞吗？虽然从社区硬件配套来看是一个高标准的城市社区，但里面的精神风貌却跟不上。我们想把公共服务综合体开到成都市城乡接合地带的乡、镇，在这种综合体里面探索一件事——促进城乡教育资源均衡发展。

关于我们的社会使命：在城市是解决高品质、多元化的公共服务需求无法有效满足以及公共资源无法高效率运转的问题；在农村，除了解决上述问题之外，还要促进城乡教育资源公平、均衡、统筹发展。其实，单纯的市场行为并不会把好的教育资源投放到农村，而我们愿意把成都市最好的师资投放到农村，让村民也能够享受到优质资源。再者，还要考虑村民享受得起的价格。我们不需要村民花一两百元到成都培训，而是让他们即使付出三四十元也能够享受到高品质的教育，教育资源的统筹均衡发展需要我们这样做。

17. C：共享优质师资是个好主意，但如何让优质师资愿意去农村？

Z：这难免要打公益牌，补贴只是象征性的，如补贴两三百元。我们在锦城社区已经积累了近60位优质教师。在我们签约的师资中，有很多是成都市比较出名的教师。目前在成都市的师资库中，社区教育优秀教师有两三千位，我们可以掌握这部分信息，所以可以很自信地说，优秀师资这个问题可以通过我们与教师沟通来解决。在这个过程中，我们也可以给予教师更多的培训。其实我们就是把社会的各种力量聚集起来，更有效地做公共服务。

18. C：目前贵公司的资源整合由谁来做？

Z：我做得多一些，公司副总也在做。现在我慢慢地把这部分工作交给其他人来做，权力下放了，因为以前人少，现在人手多一些了。

19. C：教师的报酬是按课时结算吗？您刚才谈到教师都是从资源库里找到的，那有长期稳定合作的教师吗？

Z：报酬是按课时结算的。长期稳定合作的教师大约有20人。在城市社区，我们的教育主要针对中老年人；在乡村社区，一方面针对成年人，另一方面针对青少年儿童，偏重留守儿童。

20. C：请您概括一下贵公司的服务对象。

Z：因为我们做得比较多，所以服务对象不是特别精准，我们更多的是输出优秀的师资和高效的管理与服务，即针对社区居民提供终身学习的内容和服务。

21. C：我们从贵公司简介中看到，公司打算打通城市和乡村的两条路线。那么，具体如何做呢？

Z：目前我们分了两个项目组，他们在工作上既有配合，又有交叉。

22. C：您谈到盈利很重要，而贵公司又是社会企业，那您如何处理社会目标和经济目标的关系呢？

Z：我每天都在处理社会目标和经济目标的关系。昨天我们在一起开会，大家在会上讲得更多的是在项目具体执行阶段遇到的困难，以及接下来该如何执行、完成目标等，但我每次都会强调不要忘记我们的初心。这个关键在于如何让一家社会企业不走样、不走形，不打着社会企业的牌子去牟利。当然也不是完全为了社会效益而不顾公司的发展，我觉得所有的企业或者社会企业都要先满足一个基本条件，就是活下来，只有活得好才能有更多的精力服务好他人。如果自身入不敷出，怎么有精力去解决问题呢？这和马斯洛的需求层次原理是有关联的，所以我觉得经济目标与社会目标要平衡。我们的初心是让老百姓有获得感、价值感、幸福感，核心目标也是帮助乡村实现可持续发展、促进乡村振兴。这样的目标并不是虚无缥缈的，它就在每一份扎扎实实的工作中，甚至在每一次下乡中。当然，我们也要把社会目标做好，一旦社会目标做好了，经济目标就一定有保障和支撑，社会企业就是要在两者之间找到平衡。

23. C：您的意思是在社会目标和经济目标之间找到一个平衡点，既要活下去，又要实现社会目标，是这样吗？

Z：对，甚至活下去是先决条件，社会目标是在这个过程中实现的，并不是说只有我有钱了才可以去关注社会目标，其实它们是同步进行的。因为社会企业具有独特的商业和运作方式，所以和传统做法不一样。我们新办了一个社区教育学校，既可以获得更大的收益，也更有利于社会目标的实现，两者是同时进行的，是相辅相成的。创始人的初心很重要，不要迷失自我，只有兼顾社会效益才会获得持续的收益。

24. C：那您可以总结一下您的初心吗？

Z：我的初心就是：让公司在活得好的同时，为社会奉献更好的解决问题的方案。

25. C：您可以从社会价值层面评价一下贵公司这几年的贡献吗？

Z：第一，初步探索了社区教育作为准公共服务如何在公共领域高效配给的问题；第二，为乡村竭尽所能地提供服务，不管是儿童、妇女、老人，服务人次达十多万。

26. C：您如何评价公司创造的社会价值？公司有评价体系吗？

Z：公司虽然没有明确的评价体系，但是初心和自我价值还是有的。评价企业的社会价值、社会贡献，不应该单独看服务的人次，最主要应该看它的社会运作模式能否在真正意义上带动社会创新的潮流，除了自身的社会影响力外，还有行业带动力。我们的社会价值之一就是促进城乡教育均衡发展，带动更多的人参与进来。

27. C：在经济效益上，公司这几年有何进展？

Z：前几年的账没有仔细算，很不规范，因为当时的财务也只是简单地记录流水账。前几年一直在亏损；因为之前的债务还没还完，所以到 2017 年虽然有三四十万元的收入，但依旧亏损；2018 年大概有 80 万元的收入；截至 2019 年 7 月有 150 万元左右的收入，所以 2019 年的目标是 300 万元。

28. C：贵公司在行业中的地位如何？

Z：我个人认为很不错。就成都而言，我们是专门、系统地做成都社区教育这一领域为数不多的公司之一。但凡提及这一行业，我们公司都会被提起。

29. C：公共服务市场化在国内发展到何种程度？

Z：其实我不太了解其他地方，但我相信大多数地方的公共服务发展都不充分、质量不高，并没有最大化地满足居民的需求。我可能了解得不够全面，但是我们相信公共服务市场化在中国是一种趋势。

30. C：在发展过程中，公司遇到的最大困难是什么？

Z：资金问题，还有居民的不理解等导致的发展方向迷茫。

31. C：现在中小企业融资相对比较容易，您为什么还会觉得资金困难？

Z：首先，我掌握的政策和信息渠道有限。2018 年最困难的时候，我向很多家银行咨询有没有针对中小企业的贷款，我知道是有的，但有很多准入条件，如房产抵押等，我刚创业时没有房产证。所以从政策体系上看，虽然中小企业融资体系会越来越健全，但从具体实施路径上讲还是艰难的。2018 年我还是想办法申请到了 25 万元的两年期无息贷款，缓解了因为债务导致的公司资金周转困难的局面。

32. C：方便透露公司目前的资产负债率吗？

Z：严格来讲公司没有负债了，把欠款都还了。

33. C：您怎么看待资产负债率？您觉得资产负债率高了不好吗？

Z：没有，这可能与我的用钱习惯有关。在公司最困难的时候，我把手上所有的信用卡和所有能拆借的网络平台上的钱都借了一遍。

34. C：是资金杠杆运用得很好吗？

Z：不能说运用得很好，只是 2018 年的资金一直在周转，都是拆东墙补西墙，直到公司的债务能基本持平，否则资金压力太大。因为公司必须要有现金流储备才能应付开支，但是关于融资，我们可触及的却很少。

35. C：有没有考虑吸纳新的投资人或者股东进来？

Z：有，但目前最大的问题是公司的核心业务模式还不够清晰、规范，预期收益也不是很确定。随着公司的壮大，2019 年我们会重新分配股权，吸引优秀人才进入，股权会用于留住公司的核心人才。在实践过程中，公司会逐渐做出取舍，在业务中找到核心发展方向。

36. C：我很佩服您对政策的敏感性，但是想问您一句，不管什么样的政策，您有坚持不变的东西吗？

Z：有。无论政策怎么变，我们坚信做事情本身的价值或意义是存在的。不管政府是否支持，我们都会试验这条路能否行得通，寻求当地合伙人共同运营。最终我们还会建立一个良性的退出机制，希望构建一个好的商业服务模式。我们看似受政府影响很大，但是作为社会企业我们知道，该做的就做，不该做的就不做。我们多途径地探索都是为了下一步做出更明确的决策，这是一个必要的发展过程。

37. C：那您能和我们谈谈公司未来的规划吗？

Z：首先，2019 年下半年，我们要对公司股权做出更好的分配，继续壮大工作团队。经济效益方面，我们希望收入可以达到 300 万元；社会效益方面，希望可以推动行业的发展，能在社区教育领域针对某个问题提供高质量的市场化解决方案。例如，针对乡村的三八妇女节、六一儿童节、九九重阳节，以及农村空心化问题、干部治理培训和提升问题等，探索如何更好地提供小规模公共服务的路径和办法，实现社会效益最大化。其次，我们希望从 2020 年开始到未来 3 年，找到一条适合自己的道路，找到主业和核心路径，并朝着这条路径做更大范围的可持续、可复制的模式推广；希望公司业绩在这个过程中有所增长，团队有所壮大，3 年之后每年收入达 1000 万元。

38. C：在未来的发展中，您有没有考虑搭建或者加入一些社会企业的发展平台？

Z：现阶段公司也有所考虑，刚完成了“社区手牵手”20 万元的项目，举办干部培训班，还有社会企业知识的宣讲沙龙；但真正想做的是把自身梳理好，让自身的模式有吸引力，让我们定位的社会目标更加精准，实现更多的社会价值和经济价值，同时我们也愿意带动更多的人一起加入社会企业。

39. C：贵公司在发展过程中，是否有意在搭建一个生态系统？在贵公司的价值链条中，关键的环节是什么？

Z：这一部分我谈得比较少，但是零散地说过一些，关键环节是政策导向。政府政策不仅可以鼓励社会企业的发展，还可以强化公共服务的无偿注入和投放；而从后期的可复制性来讲，公司在很大程度上会受政策的影响。

40. C：您重要的合作伙伴除了政府外，还有哪些呢？

Z：社区，还有与我们合作的教师。

41. C：最后，请您谈一谈做社会企业的心得与感悟。

Z：社会企业与公益组织不一样。公益组织从基金会、政府等机构获得资源，面向社会特定的人群提供一种无偿的、具有极强社会价值的社会服务。社会企业虽然不做这些服务，但也不是商业企业。商业企业通过销售商品赚钱，再通过捐赠反哺社会。社会企业真正要做的是找到自己独特的商业模式，创新性地解决社会问题，有效地扩大服务供给的数量，提高供给效率，从而最大化地实现社会效益和经济效益的统一。

四、访谈感悟

（一）关于创始人

学境教育创始人周木森，与成都其他几位社会企业创始人相比，是最年轻的一位。他创业起步较早，从学生时代就开始创业，之前未接受过系统的创业教育。由于年轻和资历问题，其前期的人脉和资金积累均欠缺，加之所选择的行业“公共服务的市场化或多元化”在国内尚处于探索阶段，导致该社会企业发展过程更加艰辛，成长速度也相对慢一些。他的硕士论文“城市社区教育服务多元化研究”为其近两年的经营奠定了一定的思想基础。在经营过程中，他很擅长整合社会资源，堪称资源拼凑战略的高级践行者。

访谈当天，我们按照约定的访谈时间到达公司，他正在和公司的三位高层管理者商谈决策事宜。他热情地邀请我们在他们的后排就座，旁听他们的内部会议。在旁听中发现，他们的高层管理者都很年轻，整个会议轻松、自由、务实。

他给我们的整体印象是：非典型性文科男，政策敏锐度高，务实、爽快、健谈，喜欢思考，擅于发现与总结，乐于分享，勇于尝试与探索。一方面，他年轻、乐观、爱笑，充满激情；另一方面，又有着与年龄不相符的沧桑和沉着。

（二）关于学境教育

学境教育作为中国公共服务市场化的践行者，和中国的公共服务多元化发展一样，处于探索性发展阶段。尽管公司已度过艰难的初创期，但核心业务不突出、商业模式待规范等问题依然存在。

在起源与发展方面，受创始人原始积累和所选行业发展周期的影响，公司起点较低。前期（2018 年）与官方的中小企业最低融资标准相比仍有一定的差距，发展过程中遇到了创业企业的共性难题：缺资金、融资难、发展模式探索难。公司目前已度过资金困难期，无负债。

在战略导向方面，该企业的发展战略属于政策导向型。受业务性质的影响，政府政策对该企业的发展影响很大。如何正确预判政策走向、规避政策变动风险、有效整合政府资源等是该企业面临的重要问题；如何通过提高核心业务量、规范核心业务模式来提升自身影响力，从而带动行业标准的制定，是该企业面临的重要挑战。

在业务模式方面，该企业主要采用政府订单模式，根据政府订单设计方案，提供公共服务或准公共服务。在收费模式方面，少数业务采用单边收费模式，即仅向政府收费，为居民提供免费公共服务；大多数业务采用双边收费模式，即政府支付一部分，消费者支付一部分，为居民提供价格极低的付费准公共服务。在双边收费模式中，消费者支付的费用远远低于市场价格，收费的目的是激发居民的内在动力、提升公共资源的有效利用率、提高公共服务或准公共服务的品质。

总之，学境教育处于特殊形态的双边市场中：一边是政府，另一边是公众，其社会目标与经济目标相伴而生、依附存在。相比其他社会企业，其创始人表现出更强烈的盈利诉求，可能的原因是：缺乏资金，自主定价权受限；社会目标与经济目标的重叠性、一致性及其仍处于探索性发展阶段。

第四章　成都天杰：守护土壤，推动安全健康种植

访谈对象：张小川，成都天杰有机农业发展有限公司创始人、董事长
访谈地点：成都西环广场三栋 9 楼（青羊区光华东三路 489 号）
访谈时间：2019 年 8 月 1 日 9：30—11：30
访 谈 者：陈青姣
记 录 者：唐文娟　周宇宁
注：以下文中“C”（陈青姣）表示提问，“Z”（张小川）表示回答。

一、公司简介

成都天杰有机农业发展股份有限公司（以下简称成都天杰）成立于 2000 年，注册资本（实收）1000 万元，主要从事农业综合技术服务和农业投入品的生产和销售，是我国目前拥有肥料品种最齐全、农业技术服务直接到田间的优质农业行业服务商和金牌社会企业。公司拥有多项发明专利及专有技术，拥有两个生产基地，致力打造 O2O“三农”服务社会企业标杆企业。公司目前已在眉山、乐山、雅安、凉山州、内江、南充、宜宾等地落地 20 多家

农业综合技术服务中心，辐射将近 70 个乡镇，初步形成了农业综合服务体的构型。

成都天杰是成都市“重合同守信用”企业，是中国慈展会等 6 家相关研究单位联合评定的全国 15 家金牌社会企业之一、成都市首批认证的 12 家社会企业之一。成都天杰高管和股东信息见表 4-1、表 4-2。

表 4-1　成都天杰高管信息

高管姓名	职位
张小川	董事长兼总经理
蔡小扬	监事
陈思宜	监事
郑舒文	董事
杨方舟	董事
张仁光	监事
郭永蓉	董事

表 4-2　成都天杰股东信息

股东姓名	认缴出资 / 万元	实缴出资额 / 万元	持股比例 /%
张小川	650	650	65
陈思宜	100	100	10
杨方舟	100	100	10
郭永蓉	70	70	7
郑舒文	50	50	5
蔡小扬	30	30	3

注：股东信息为 2018 年 4 月 24 日修改后的信息。

二、创始人张小川简历

图 4-1　成都天杰创始人　张小川

张小川，男，1968 年出生。2000 年 11 月 30 日至今，成都天杰法人代表、股东、董事长兼总经理。

三、访谈内容

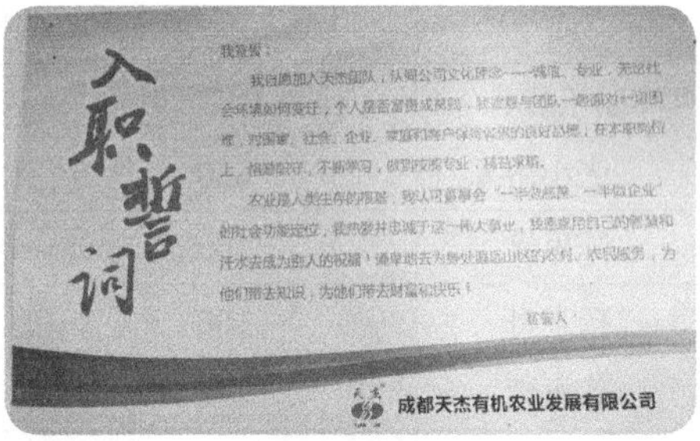

图 4-2　访谈现场

1.　C：请您谈谈贵公司的起源及您创立这家企业的初心。

Z：我们做这家企业将近 20 年，定位一直是农业服务。因为我们是从农村出来的，对农村的山水面貌有所留恋。现在从农村走出来的有些年轻人，如“90 后”“00 后”，虽然他们的父母都是农民，但他们回家跟父母聊天时都不聊农业，觉得父母说的过时了，反而和同学更能聊得来。这些原因导致很多人对农业的态度与认知存在非常大的偏差。

虽然从主观上讲，大家都认为农业很重要，但客观上的认识是不足的。改革开放 40 年，中国的农业、农村、农民都做出了巨大的贡献，优质的土地资源、廉价的劳动力与资金输出这三大要素都是非常关键的。可能很多人不理解资金输出，很多农村家庭为了给孩子在城市里买一套房子，钱都是从地里挣出来的，从农业上积攒下来的，最后都输向了城市。很多地方领导谈到“三农”问题时就头痛，但是一谈到搞开发区、建工业园区、招商引资就很兴奋，因为他们只关注 GDP，而农业是需要花钱的，所以并不受青睐。因此，我们国家出现了一些令人担忧的现象，农民为了脱贫致富不惜背井离乡，拼命涌向城市，将祖祖辈辈繁衍生息的土地抛弃。这是一个很不正常的社会现象。那么，如何让农民立足自己的土地同样可以脱贫致富呢？如何让农村回归到炊烟袅袅、一片丰收景象的安居乐业场景中呢？不解决这些根本问题，中国的“三农”问题就无法从本质上破局。如果只是片面地追求城镇化、工业化进程，把农民从田间赶到高楼上，这是非常危险的。

中国农村有两大现状：第一，中国既是具有几千年农耕文化的文明古国，也是农业人口占据绝对多数的人口大国，这是不可改变的国情。第二，粮食和食品安全。我们有些消费者一直在埋怨农产品不好，其实农产品安全不安全、品质高不高，这些并不完全取决于农民，也可以说，主要问题并不是由农民导致的，而是出自我们整个社会，是一个社会问题。由于农民文化程度普遍较低，特别是现在农村从业的大多是60岁以上的老人，他们在种地过程中不知道哪些种子、农药、化肥是优良的，哪些是差的，他们都是识别过程中的受害者。现今，很多种地的人都受过假农药、假肥料、假种子的侵害！另外，他们种出来的东西卖什么价格、卖到哪里，从来没有主动权，也没有决定权。他们一直都是被动的！谁来帮助他们？整个农产品的安全问题，无论是数量还是质量，都是人人都明白的社会问题，它属于市场、政府双向失灵的状态，但是没有人真正蹲在地里研究农民，不到地里去就没办法了解土地的真实状况，也不了解农民的真实感受。我有时也会和当地的村、乡、镇干部聊起这些问题，他们也只能摇头，因为太难了！

我刚才讲的农村两大现状都是存在的，很多问题都没有从根本上得到解决。比如，我们觉得南方的面粉做馒头不好吃，但是没有人研究馒头为什么不好吃，从选种、土壤、气候环境到面粉、揉面，再到蒸的全过程，没有人投入精力、资金和技术在这个问题上，我们都只是看客，但又都在埋怨。不过话说回来，现在又有谁愿意下地里去呢？天气炎热，帮助农民挣的工资又不多，还要支付差旅费、燃油费，有时还要泡上一整天，转了无数田坎，谁又能看到这种辛苦呢？如果政府官员不到地里去、学者不到地里去、年轻人也不到地里去，那么会导致资本和人才都不去农村，这就是社会问题，需要社会企业来解决。很多人问我：“你怎么做这个行业，这个行业是赚穷人的钱，做这个生意还不如把钱拿出来炒房子。”是的，如果我在20年前或10年前用100万元在成都按揭5套房子，现在轻轻松松拥有上千万元，做农业服务太辛苦，还不能获取对等的回报。所以，做农业必须要有信念的支撑。我们的理念是：一半做企业，一半做慈善，为农民服务。20年来，我们一直坚持为农民服务，若没有慈善之心，就很难坚持下来！很多人对我说，“做农业企业很辛苦，做了20年怎么还是这么小的规模”。我跟他们讲，做农业企业，如果认认真真地做是赚不了大钱的，这一点都不假。在中国农村现状下，农业服务做不大是很正常的，如果我暴富了，那么证明我挣的钱不干净。比如，很多企业在电视上打广告，一年要几千万元，这个钱从哪里来呢？这种行为不具备社会价值，只具备商业价值。所以，我希望更多的社会企业做农业，它既能为社会服务，也能够生存。

近年来，随着市场的变化，我们也重新调整了一些模式，做得更细了。以前在渠道上，我们通过经销商销售产品。但是后来发现，一些经销商就是为了赚钱，哪个东西利润高，他就卖哪个。更有甚者，有些经销商为了追求利润最大化，对百姓讲假话。后来，我们干脆直接到地里去，到最偏远的农村去。因为越是偏远的山区，经销商的成本越高，利润就越少，他们就越不愿意去。在有些地方，虽然我们销售肥料赚的钱还不够路费，但是我们还是要做，这就是我们说的“一半做慈善”。

近年来，我们还把技术服务中心放到了农民的地里。“三农”问题之所以如此难解决，原因之一就是农民缺乏技术，他们不知道如何才能种出高品质、安全可靠的农产品。我们的技术服务中心就是帮助农民解决“技术最后一公里”的问题。有些农民不会种地，我们就派技术人员手把手教他如何种地；对于农业投入品，我们会根据土地情况选择适合土壤的肥料，直接配送到农民家里。比如，树的叶子变黄了，我们就会帮他研究到底是什么原因，再帮他解决问题。这些服务我们都送到了农民的家里、手上。原来这些都是我们在做，这两年我们通过了社会企业认证，社区、城市水果商等都找到我让我们去做。在广西南宁武鸣区，果农在我们的服务下进行销售，我们就知道哪位农民哪块地种的沃柑最好。很多城市的社区找到我，我们就做免费服务，连接城市和农村，最后谁赚钱了就拿出一部分作为社区公益基金，社会企业也会拿出一部分利润作为社区公益基金，用于解决社会问题。

2. C：农民在贵公司帮助下产出的水果卖给谁呢？

Z：有两种方式：一是靠市场，卖给专业的水果收购商；二是我们帮他们找渠道，对接一些社区，同时社区会有一些公益场所，我们就让他们的水果进入这些场所。这些场所又有两种模式：一种是公益组织承包的场所，他们会将一部分销售利润捐到社区基金会；另一种是社区街道的场所。

3. C：换句话说，有一部分水果是社区帮他们卖掉，他们拿出来盈利的一部分用于社区发展，对吗？

Z：对。现在我们也在对接一些城市社区，希望把社区失业人员或者退休人员引进来。这些人有精力但不知道做什么，我们把他们组织起来负责本社区的农产品配送，或在小区里开一个农鲜小店。这样就可以做到从“田间”到“舌尖”全链条服务，使农产品品质有保障，社区也可以得到发展。

在农村，我们通过技术扶持农民种好农产品，并且有很多帮扶项目都是免费的。比如，前几天我们去广西崇左的一个村子，村支部书记把农民组织起来，我们的专家给他们讲沃柑的种植技术，帮助他们解决地里出现的问题，这些全部是免费的。在社区，我们免费帮助农民建立销售模式，最好的是直营配送，这样既保证了品质，又保证了从业者的利润。这 20 多年，我们企业一直在坚持做这样的事情，坚持做农业。过去由于层层渠道导致销售价格很高，农民不但很辛苦，还经常面临“高产、不高收入”的尴尬境地，因为肥料在涨价、人工在涨价，他们的成本也很高，自己卖水果又卖不出去，所以只有让中间商赚差价。我们目前是以直接进入的形式来做，防止中间商赚差价，从而把农村搞好，实现以农养民。

4. C：农民是不是更信赖乡邻间的传播？

Z：对，他们信口碑。很多农民没有辨别意识，都是别人说这个好，他们就去买，容易跟风，所以有时候我们也没办法。比如，旁边的人在用肥料，他也要用肥料，生怕产量超不过他们，结果到年底反而赚不到钱。所以我经常告诉他们："你这样用肥料会把土壤破坏掉，你们的土不一样，用的肥料当然也不一样，不能完全模仿邻居的种地方法，要因地制宜。"

5. C：他们会相信你们吗？

Z：刚开始很难，但只要我们认认真真地做出效果，让他们真真切切地看到了，慢慢地就相信了。但是这个过程很漫长，要实实在在、坚持不懈地到地里去。如果是只想赚钱的企业，这些事情它们肯定做不了，因为做这些事情不仅不赚钱，还费心、费力；而社会企业不一样，它有一种责任感在里面。

这是我们下一步的产业战略规划（见图 4-3），构建一个"三农"服务 O2O 综合体，参与智慧乡村建设。支撑平台有两个端口：一个是乡村振兴，另一个是社区治理。

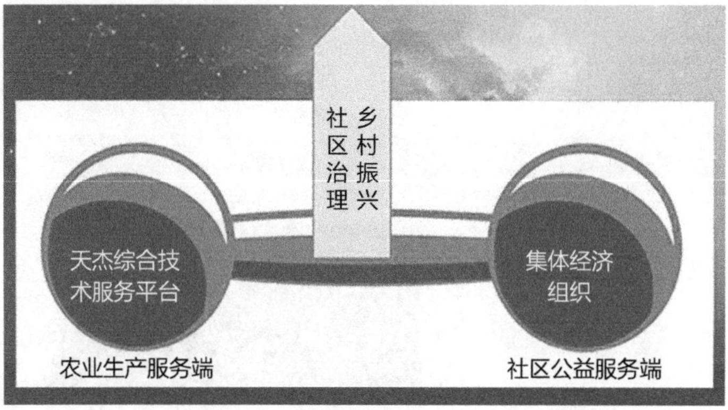

图 4-3　天杰产业战略规划

资料来源：受访者提供。

目前，我们基本把前面的实践部分做了，之后想发展集体经济，让他们把生产、运输等发展起来。他们自己赚到钱就可以改善生活了，以他们为主体的集体经济就有造血功能了，进而做到振兴乡村。下一步，我们会把政府平台联系起来。我们希望通过农业产业化挣的钱可以拿出一部分来反哺集体经济，这样一来，现在、未来都能够继续发展。我们的品牌战略是“做中国最有价值的社会企业”。我们对管理团队也有要求，要求执行团队天天和农民一起到田里干活，要求他们忠诚、专业，对家庭、企业讲究诚信。

我们通过综合服务平台扶持农民发展经济，最后达到乡村振兴的目的。现在许多地方都有这种农业综合服务中心（见图 4–4），它有三个职能：一是提供种植技术，二是为农业投入品提供仓储，三是作为农产品交易场所。这些都是我们研发的，并有针对性地进行了升级，在某些区域则做成大的农业综合服务体。我们的专家也会到这里来，帮百姓解决一些技术问题。在乡村有这样一个活动场所，村民都愿意来这里聚集，讨论农业生产与服务问题。所以，这里不仅是村民的活动场所，也是科普知识和传播技术的地方。

图 4–4　天杰智慧乡村农业综合服务中心

资料来源：受访者提供。

6. C：**贵公司现在有多少位专家？**

Z：现在有 12 位，他们都有二三十年的专业经验。比如，农民的有些果树出现了很大的问题，我们的专家就会去现场，到田地里去解决实际问题。从图 4–5 中可以看到，这是同一棵树，原来百姓很烦恼，但是经过专家会诊，经过一年左右的修复，就变成了现在这个茂盛的样子，果树结满了果子，农民很开心。

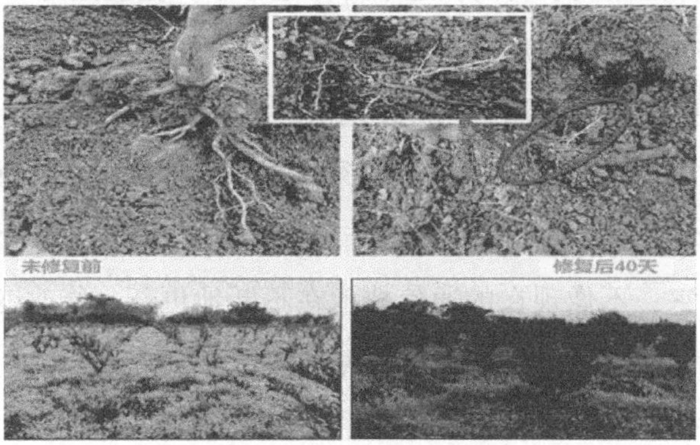

图 4–5 果树修复前后对比

7. C：**您这种商业模式还是很好的。**

Z：是的。这种商业模式很好地解决了多年来我国农业非常头疼的一个问题——农业技术到田间的“最后一公里”。

8. C：**请问您最初的创业团队有多少人？**

Z：当初有 3 个人，但最终坚持下来的只有我一个人。

9. C：**另外两个人大概坚持了多久？**

Z：大概 5 年。

10. C：**当时你们是采取合资的形式还是其他形式？**

Z：合作的形式。

11. C：大部分启动资金都是您出的吗?

Z：对。

12. C：贵公司已经有 20 年的发展史，是什么原因促使您坚持下来的?

Z：这个原因就是我刚才讲到的，农民这个群体很少有人去实际关注。很多的慈善组织都是靠情怀去做，但是很难坚持做下去。因为慈善组织是靠别人捐赠、帮助它。它要生存，但自身又没有造血功能，所以它要截留一部分。还有一部分群体是帮助农村的，这个群体也不小，但就是为了作秀，送点棉袄等衣服给农村，拍点照片、露一下脸就走了。农业只靠情怀去做一两次是做不好的，需要有人持续地做，持续地研究农业的实质问题究竟在哪里。每一次工业革命或重大改革都是痛苦而深刻的，只有这样才能推动行业发展。为什么我们的农业这么多年来一直没有得到本质的改善？因为没有巨大的技术革命来推动它，不像现在的通信技术在不断地更新。能改变我们生活的，最主要还是技术创新。比如我们的高铁，一下子就解决了中国人出行的很多问题。但是这么多年来，农业的问题并没有得到解决，而且更加严重了，现在农民大量涌进城市。我们的农业发展了这么多年，但实际上从耕种方式到供应链的结构都没有本质的改变，因为农民在生产方式、商业模式与技术上都有所缺失，所以就需要有人研究这件事情。比如，袁隆平把水稻种得很好，就是因为他天天去田地里研究，但是光靠种植水稻并不能解决整个农业的问题，因为这是一个系统性的问题。

13. C：现在贵企业的定位是纯企业还是混合性的社会组织?

Z：纯企业，在成都市工商局注册，并通过了社会企业认证。

14. C：贵公司作为社会企业为农民提供了很多服务，当地政府在资金等方面有没有给予一定的支持?

Z：没有。我们企业不仅没有拿到政府的钱，也没有享受到优惠待遇，都是靠自己造血。

15. C：贵公司的客户是谁？利润主要来自哪里？

Z：客户主要分为两个部分：一部分是农民；另一部分是农场主或大规模承包土地的人，这也是主要收入来源，这部分的利润占总利润的60%～70%。

16. C：北方承包土地的人很多，特别是河南、河北、天津等地区，你们的业务拓展到那边了吗？

Z：还没有。我们目前主要是服务南方，因为我们要到地里去，花费的人力、物力、财力都比较大。我们现在的实力还不具备在全国开展业务，我们能凭自己的能力干好也很不错了。

17. C：在前面您提到“别人说您是在赚穷人的钱”，这是对贵公司的误解吗？

Z：我的很多朋友都说：“你做的这个事情是赚穷人的钱，赚穷人的钱多辛苦呀。”这话说得没错，这就是20年来成都天杰为什么发展很慢的原因，至少与其他行业的效能相比是有很大差距的。那为什么不去做赚富人钱的事情呢？因为越是弱势群体，越需要你的帮助，以商养善、义利兼顾是社会企业的属性，靠自身发展去解决社会问题、帮助弱势群体，这就是社会企业不同于慈善机构之处。

18. C：贵公司有营销部吗？

Z：我们没有营销部，但有技术推广部，它不是以销售为主，而是以推广技术为主。因为如果把年轻人往销售方面带，他就会只注重销售额和利润。

19. C：公司有没有刻意去宣传自己的形象和作为？

Z：没有。因为企业的发展与人的成长是一样的，靠包装一夜成名的企业，后期的路还是要走。能不能坚持初心、不偏离道德，一步一步走完后面漫长的道路，这是要靠时间来检验的。

20. C：您觉得政府在社会企业发展过程中应扮演什么样的角色？

Z：因为目前社会企业在我国还处于初级阶段，它既是新生事物，又是社会价值观的领跑者，所以我觉得应该多引导。但是我现在有点担心，我发现有许多企业找我们了解情况，一听到政府要扶持，马上就去参加社会企业认证，希望能给自己赶快冠一个名头。我怕有些人把这条路走歪了，初心就变了。

21. C：您的意思是政府监管很重要，对吗？

Z：对，很重要，但也不是说监管就一定好。无论政府是否认定我们为社会企业，我们都觉得不重要，因为无论能否得到认定，我们还是会做这样的事情。我们做了 20 年了，尽管没有享受到政府的任何补贴、优惠待遇及其他好处，但我们自身还是很有社会价值的。

比如，我们最近实施了一个“青山绿水共享计划”，就是希望从农村走出来的大学生毕业以后回到农村去。我们扶持他们，给予他们创业培训与支持，让他们在农村帮助农民解决问题，并经历创业过程。那么 5 ～ 10 年后，他们不仅会有一定的经济基础，而且个人修养也会得到提高，形成良好的价值观。如果他们从一毕业就在城市的写字楼里工作，那么价值观也会受影响，因为生活压力太大，他们不得不去学习某些东西，而且在城市的起点低，付出的努力不比在农村少。其实他们到农村去，只要认认真真地做事是非常受尊敬的，因为农民知道这些人是真正为他们好的人。他们既帮助了农民，又受到尊敬，而且收入也不错，这就是我们的“青山绿水共享计划”。

随着社会的发展，农业不能再这样下去，否则会出大问题。我们这个计划就是想通过年轻人改变农村。年轻人也要有发展方向，并且他做得越好，越受到尊敬。对于一名刚毕业的学生，我们不是让他一下子就变成专家，而是用他的知识和思维模式去帮助农民，逐步到田地里去学习更多的实用技术，而不是一大堆理论知识。

22. C：公司成立这么多年，您觉得最欣慰的事情是什么？或者最成功的地方在哪里？

Z：最欣慰的事情应该是这么多年来，我们不仅帮助了很多农户和家庭，也在一定程度上提高了农产品的安全性。

23. C：在发展过程中，贵公司怎样处理社会目标与经济目标的关系？

Z：因为我们是一家社会企业，不是社会组织，还是要生存的，所以：一方面我们要提高自身的竞争能力，经济收益也会随之增加；另一方面，当经济收入提高之后，我们还要做一些事情反哺社会，去帮助那些需要帮助的人群。当我们帮助了别人，自己也树立了口碑，这是无形的广告，帮别人的过程中自己也得到了发展，这就是人们通常说的“赠人玫瑰，手留余香”。

24. C：换句话说，经济目标和社会目标并不矛盾，是吗？

Z：是的，并不矛盾，还可以说是相辅相成的关系。中国有句话，“舍得，舍得，有舍才有得”。

25. C：从社会贡献来讲，贵公司可以从哪些方面进行自我评价？

Z：为什么我们没有销售部？因为我们以服务农民的种植面积作为评价标准，而不以赚了多少钱作为标准。我们服务的面积越大，意味着我们的贡献越多。

26. C：公司在经济目标上有没有一个基本的标准？

Z：有，就是企业不能亏损。如果年年亏损，企业就生存不了，更谈不上帮助别人和承担社会责任了。

27. C：谈到养活自己，请问贵公司员工的薪酬与同行业相比是什么水平？

Z：属于中高端水平。因为如果没有高薪的话，员工很难有服务意识，可能10天跑下来之后，只有5天在工作，所以我们员工的工资在同行业中偏高。

28. C：贵公司的产品与服务是低价的，甚至还做免费培训与服务，而员工的收入又属于偏高水平，那么怎样保证公司的利润呢？

Z：现在我们改变了一些做法，过去由层层的经销商来销售，现在我们把中间渠道缩短，变成了直销模式，所以成本也下降了。相比之前，利润有所上升，农民也得到了实惠。

29. C：公司的人力成本提高了，对吗?

Z：对。虽然人力成本提高了，但是我把中间的成本压缩了。

30. C：公司会增加人手吗?

Z：我们追求的是价值，所以不会盲目扩张，要慢慢地做好。

31. C：请您谈一下贵公司未来的规划，两年、三年或者五年都可以。

Z：首先，我们想探索出一种模式，未来两三年把它推向全国一些偏远的山区；其次，我想在同行中选择一些企业，免费帮他们转化成我们这样的模式。现在也有一些企业来找我们，他们说："现在的市场竞争太激烈了！"我说："那你就转型吧。"如果我们帮他们转型成功了，那么会帮助到更多的农民。

32. C：最后，请您谈谈做社会企业的感悟，以及您对社会企业家的一些忠告或建议。

Z：就像我刚才一直说的，如果要做好社会企业、做好名副其实的社会企业，就一定要初心不改，一定要有明确的社会使命、愿景，并能一直坚持下去。当然，在坚持的过程中我们是痛苦的，受到约束时我们也是痛苦的，就像受到道德约束的人是痛苦的、而不受道德约束的人是快乐的一样。做社会企业也是如此，如果想要坚持下去，一定是痛苦的；如果你坚持了，你就会发现快乐本身来自痛苦。正如我经常劝有些坚持不了的员工："你只管善良，福报已在路上！"

四、访谈感悟

（一）关于联合创始人

成都天杰创始人张小川董事长言行稳重、朴实无华，秉承诚信与专注。

只有一行简历的他却经历了艰辛的创业历程，积累了丰富的田间地头经验，养成了洞察农村、农民与农业问题的习性。经营企业，他本着“一半做企业，一半做慈善”的理念，勇于承担社会责任，站在农民的角度思考问题，免费为农民提供技术帮助，打造乡村综合服务中心；不畏模仿与抄袭，主动帮助同行进行商业模式转型；关心年轻人对农业的价值观，关注农村的可持续发展，推行“绿水青山共享计划”，积极参与乡村振兴；对员工负责，提供高于同行业平均水平的薪资，重视员工的发展与晋升；对服务对象负责，切实参与农业种植活动，发现问题便提供绿色环保的解决方案。那一句“你只管善良，福报已在路上”，尽显他豁达的人生态度与至善的心灵，深深地感染了我们。

20年的专注与坚持，个中滋味难以想象。期待更多的农业社会企业家能够像张小川先生一样真正地关注农民、农业所需，这样乡村振兴和食品安全便指日可待。

（二）关于成都天杰

经过20年的积累，公司已具有良好的发展基础，商业模式清晰且相对成熟，已形成“天杰模式”，如图4-6所示。公司堪称有机农业发展的推动者（对农业良性循环、安全种植、农产品安全具有很大的推动作用）、农民的知心人和引路人、新型农村生态系统的撬动者与承载者。公司的发展思路立足国内农业问题的根源，站在农业发展的大局统筹规划发展战略，以改善土壤环境、促进有机农作物生产为基础手段，围绕核心业务打造农村农业综合服务体系，为农业研究、农民生产生活提供基础平台，可谓农业企业产业生态系统搭建的成功典范。公司商业模式和经营思路虽然清晰，但受制于农业的周期性特点和农民的小农意识（急于看到眼前的回报）、价值观、判断力和综合素养，战略执行过程艰辛且漫长，而随着企业影响力的增大、农民信任度的提升，将会有所改观。公司的显著亮点是：致力智慧乡村产业生态系统的搭建，是农业产业平台战略研究的极佳案例。

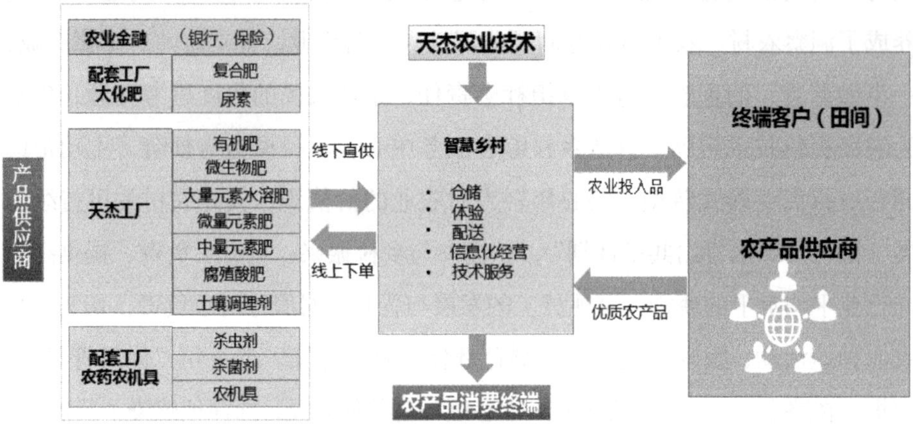
产品供应商
农业金融 （银行、保险）
配套工厂
大化肥
复合肥
尿素
天杰工厂
有机肥
微生物肥
大量元素水溶肥
微量元素肥
中量元素肥
腐殖酸肥
土壤调理剂
配套工厂
农药农机具
杀虫剂
杀菌剂
农机具
线下直供
线上下单
天杰农业技术
智慧乡村
仓储
体验
配送
信息化经营
技术服务
农产品消费终端
农业投入品
优质农产品
终端客户（田间）
农产品供应商

图 4-6 天杰模式

第五章　童萌早启：用社会化手段做普惠早教

访谈对象：邓富友，成都童萌早启教育科技有限公司联合创始人

访谈地点：成都市青羊区八宝街社区党群服务中心 2 楼 童萌亲子园（八宝街社区店）

访谈时间：2019 年 8 月 1 日 12：30—14：00

访 谈 者：陈青姣

记 录 者：唐文娟　周宇宁

注：以下文中“C”（陈青姣）表示提问，“D”（邓富友）表示回答。

一、公司简介

成都童萌早启教育科技有限公司（以下简称童萌早启或童萌）创办于 2016 年 10 月，2018 年 4 月正式在工商部门注册；同年被认证为成都首届 12 家社会企业之一，是国内首家专注社区普惠性早教产品研发与推广的社会企业，公司股权结构如图 5–1 所示。童萌将社区治理与企业运营理念相融合，采用社会化的手段动员社会力量、整合社会闲置资源，为社区 0 ～ 3 岁的婴幼儿提供离家近、可负担、有质量的亲子早教服务。童萌目前已在成都 37 个

社区建立了童萌亲子园，并将社区早教产品推广到覆盖全国17个省份的60余个社区，为超过300个社区服务组织提供儿童早教能力的建设服务，并已服务超过30000名婴幼儿及其家庭。公司愿景：让每一位儿童都能在社区内接受到优质的早期养育指导服务。

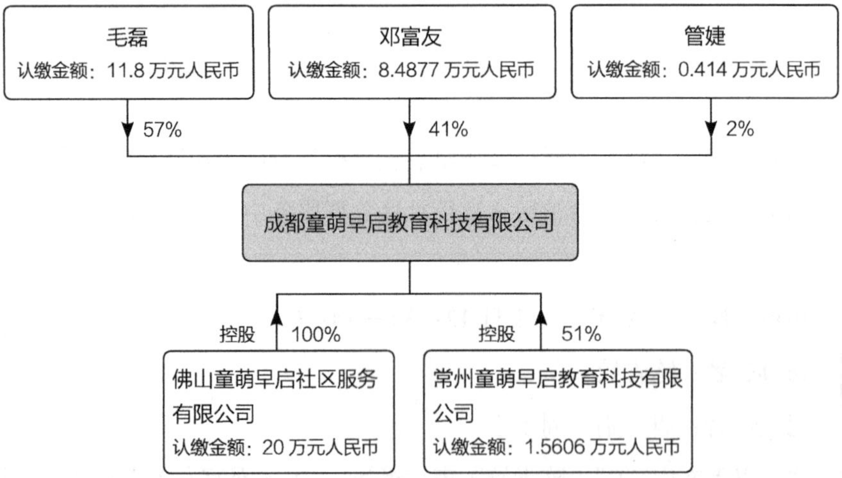

图5-1 童萌股权结构

二、联合创始人邓富友简历

图5-2 童萌教育联合创始人 邓富友

邓富友，男，1987年出生，社会工作硕士，童萌早启联合创始人。主要工作经历：2018年5月至今，童萌早启联合创始人；2010年10月—2018年4月，恩派（NPI）公益组织发展中心项目总监；2009年9月—2010年10月，奥德曼拓展教育机构（OOBC）成都分公司执行总监；2008年8月—2009年8月，组队策划“感恩回馈行动，西部乡村参与式支教”项目，任项目总监；2009 年 2—8 月，参加由联合国儿童基金会和国务院妇女儿童工作委员会办公室联合启动的灾后儿童保护项目“儿童友好家园”项目，任芦山清仁乡项目组项目经理；2009 年 1—2 月，组建“激扬青春”项目组，任项目经理。

三、访谈内容

图 5-3　访谈场景

1. C：我阅读了您发给我的资料，发现公司创始人有 5 位[①]，现在这 5 位创始人都还在企业工作吗?

   D：都在，后来我们还增补了一些。

---

① 5 位创始人分别为：毛磊、邓富友、郭丹、吕洁心、周丽瑶。

2. C：公司目前有多少人？

D：从股东层面来讲，目前股东人数增加到 7 人。

3. C：您是最大的股东吗？

D：我们的合伙人毛磊是最大的股东。

4. C：那你们之间的分工是怎样的？

D：工作都是一起做，也会有些分工。我主要负责对外的一些事情，如政府关系、对外形象等，也参与企业战略制定等；毛磊主要负责内部运营；周丽瑶是我们的教学总监，也是我们的合伙人，主要负责教学质量和教学品质管控；郭丹是我们的运营总监，负责人事和店面运营管理；另外一个创始人吕洁心是我们的研发总监，主要负责新课程体系的开发、研究。

5. C：公司成立时，5 个人的价值观是如何达成一致的？

D：其实我们 5 个人以前就认识，并不是陌生人。我们有很多以前一起工作、共事的基础，这里面的关系很多，最主要挑头的是我和毛磊。我和毛磊以前是同事，在 NPI 工作过，也是做公益组织孵化培育这一领域的。“5・12”汶川大地震的时候，我们到灾区做志愿者，在参与救灾的时候认识，之后就一起跟随 NPI 做公益孵化器项目。之后我去南京上班，毛磊继续留在成都。过了一段时间他辞职了，加入了 AEA[①] 教育基金会，这是法国一家非营利性慈善机构。这家机构的中国总部在成都，主要做儿童和妇女工作，在儿童板块有一项主要的业务就是 0 ～ 3 岁儿童的发展，是一个国际性机构。毛磊在 AEA 工作了一段时间后，发现它是一个非常好的慈善机构，但是因为我国政府对这些国际性组织有一些限制，所以它在发展过程中也会遇到一定的阻力。毛磊当时在 AEA 主要负责的工作就是 0 ～ 3 岁儿童这个板块。我在上海做公益孵化器，主要负责孵化一些公益组织和社会企业。看了毛磊的项目后，我

① AEA：Aide et Action，爱达迅。

发现 0 ～ 3 岁儿童的教育是一个很大的社会问题，存在很多的社会需求。所以我就和毛磊说，可以考虑单独把它拿出来作为一项事业。在我的“怂恿”下，毛磊辞职了。最早我们创办了一个非营利性机构——“童萌社工”，用这个机构经营了一年左右，产生了一定的影响力。因为那时专注社区普惠早教的社会组织特别少，要么是商业组织，要么是一些大型的基金会，如北京的中国发展研究基金会、中华儿慈会等，它们会比较关注一些贫困县、乡镇、农村的发展问题，会针对 0 ～ 3 岁儿童早教这一领域做一些事情。但是这对于普通城镇的普通家庭则是一个空白的领域，因为商业关注高端家庭，公益关注偏远贫困乡村家庭，而很多普通家庭的早教需求也需要关注。普通人群高不成低不就，反而像被忽略了一样。所以，童萌致力这一领域，在做的过程中很快就产生了一定的影响力。这个时候又恰逢成都政府相继推出一系列扶持社会企业的政策，所以我们就注册了一家公司——成都童萌早启教育科技有限公司，以推动这件事情。

6. C：原先的社会组织还在吗？

D：还在。我们现在采用“一体两翼”模式，两个身份都有。因为毛磊是从 AEA 脱离出来的，所以我们前期的整个团队也基本上是从原来 AEA 的团队中独立出来的。我们脱离出来时也和 AEA 商量过，他们也非常鼓励这样做，还给了我们一些支持，相当于从 AEA 那边一个部门独立出来成立了一个单独的机构，所以我们沿袭了一些 AEA 的背景和资源。第一，我和毛磊是同一个组织出身，都是做慈善的；第二，他在 AEA 独立出来是在 NPI 孵化的；第三，我们和一些核心人员（如吕洁心、郭丹，既是我的师妹，又是毛磊在 AEA 的同事）关系都比较好。她们不仅是我的直系师妹，而且在校期间我们还在同一个学生社团工作，所以我们有长时间共事、学习、交流合作的基础。也出于各种原因，大家都对这件事情比较认同，有共同的兴趣、志向，于是我们就立志一起做这样一项事业，大家的价值观是高度一致的。所以，我们团队的核心人员于 2016 年底从 AEA 独立出来到现在一个都没有流失，有 100% 的稳定性。

7. C：创始人中间没有出现过价值的分歧吗？

D：没有。

8. C：那真的很难得啊！

D：所以，这真的是比较特殊的一点！首先，毛磊对内领导得比较好，做事有商量；其次，我们分工比较明确，充分授权，在谁的板块谁说了算，所以也不存在大的分歧；再次，我们是合伙人的关系，不存在谁为谁打工；最后，大家的性格互补，都很合得来。

9. C：你们团队成员之间特别合得来，您觉得主要是因为什么？

D：主要是彼此之间比较认同，气质比较相投，这是最关键的。当然，彼此认同是因为我们有前期的积累。在工作过程中难免会有不同的看法，但我们公司的文化比较包容，我们主张有什么事大家一起商量，实在商量不了的，就以我和毛磊的意见为主。

10. C：贵公司的初心是什么？

D：我们的初心是专注解决中低端收入家庭的早教问题。

11. C：在这个过程中公司是否发生过使命漂移？

D：这个倒还好，我们一直没有变过。从 2016 年创办开始，我们就召开了一个战略规划会，还特意花了 3 万元请我国台湾地区的非营利组织专家帮我们做战略规划。当时我们还比较穷，几个合伙人就一起讨论，定下来我们的愿景、使命、目标和价值观。因为这是大家一起讨论决定的，不是我和毛磊两个人决定的，所以大家一直都比较认可。

12. C：您刚才谈到公司属于“一体两翼”模式，那么社会企业这部分是在工商部门注册的吗？

D：是的。按照成都的政策，社会企业首先得是企业，其次要参与认证。我们是成都首批认证的 12 家社会企业之一，也是 12 家中唯一从事 0 ~ 3 岁儿童早教事业的企业。

13. C：童萌的社会组织注册了吗？

D：注册了，是在成都民政局注册的。

14. C：这两家企业都具有独立的法人资格吗？

D：是的，都具有独立法人资格。

15. C：和贵公司联系比较紧密的部门有哪些？

D：政府机构目前联系比较多的有民政局、市场监督管理局（市场监管局）、社区发展治理委员会（社治委）、妇联、共青团、质量技术监督局（质监局）、教育局、卫生健康委员会（卫健委）。社治委主要负责社区工作，如社区服务、社区空间等，我们在社区里面肯定离不开这个部门，这也是对我们来讲很重要的一个部门。因为我们和很多女性打交道，因为带娃的都是妈妈或奶奶，所以我们与妇联的联系也比较多，他们也会为我们提供一些支持，如帮我们做宣传、颁发奖项等，有时也会为我们提供一些资金、补贴和扶持。团委关注青年创新创业，我们几个创始人都属于青年的范畴，共青团也会为我们提供一些支持。比如，我们总部的办公室在人民公园附近，这就是团委提供的，还有一些活动场地也是他们提供的。质监局负责市场上企业品质的监控与管理，他们的监管范围中有一列是服务业，我们属于服务业。四川省质监局创建了一个项目叫作“社区服务业的标准化试点”，作为省级社区服务业的“社区儿童早教服务的标准化试点单位”，我们参与整个四川省的省级社区早教标准的制定，所以质监局也会为我们提供一些支持。四川省教育厅将我们作为早教的示范单位，相当于得到了官方的认可。卫健委主要管理卫生与健康方面，他们最近专门成立了一个叫作“儿童早期发展”的科室。之前在中国，0～3岁这一阶段的早教基本空白，没有直接负责的部门，所以公共服务在这方面的投入几乎为零，唯一的投入就是在预防、保健领域。总体而言，对于0～3岁儿童的早期发展、教育、家庭养育这一领域是没有部门负责的，所以国家刚刚组建了新的相关部门，我相信未来这一领域会得到国家越来越多的重视。国家已经意识到这个问题，我国未来的人口竞争已经由数量竞争转向质量竞争，而要抓好人口质量，重要的是从 0 ～ 3 岁开始。国际上有很多研究表明，0 ～ 3 岁是人成长阶段中至关重要的一个阶段。因为一个孩子在 3 岁的时候，他的脑神经元就相当于成人的 84% 左右，所以俗话说“三岁看大，七岁看老”是有很多研究可以证明的。比如，0 ～ 3 岁获得的机能就像手机的系统，决定了人一生的系统性能，后面成长过程获得的东西就像在手机上安装的各种 App。如果系统不好，就算装上各种 App，也不会好到哪里去，所以系统是关键。因此，0 ～ 3 岁就是制造系统的阶段，过去我们一直比较忽略它，但国外的一些国家，如新西兰、奥地利、瑞士，在 0 ～ 3 岁这个阶段的教育基本成了他们的公共服务，属于政府托底的基本范畴。

16. C：新西兰 0 ～ 3 岁儿童的早教收费贵吗?

D：新西兰的运营跟国内现在的幼儿园体系一样，一定会形成高端、中端、低端，公办、私立、公私合营与非营利性组织相结合的多元局面。从价格和品质来讲，国内现在既有价格非常昂贵的幼儿园，也有非常低廉和中端的；从属性来讲，既有民营的，又有国营的。目前成都虽然有很多公办幼儿园，但公办幼儿园能够满足的人特别少，每年都是摇号，基本上有 2/3 的人摇不上号。摇不上号就只能上私立幼儿园。私立幼儿园里面又有公益性幼儿园，政府支持民间主办的这种公益性幼儿园，它本质上是民营，但是政府会给予一些补贴。公益性幼儿园相当于一股新的力量，政府会要求它的收费不能太贵，定价必须经过物价局的核准。民营幼儿园也非常强大，中、高、低端都有。我家附近有一个双语幼儿园，一个月费用超过 3 万元，依然有很多家庭抢着进去，它只服务那些有钱的人。0 ～ 3 岁儿童的早教市场在未来也是一样的，它会形成一个层次丰富的市场生态。

童萌的定位是中端阶层，走普惠路线：普适、大众，定价会中等偏下一点。做企业要考虑在市场中的方向是什么，和别人的差异在哪里。因为我们和高端幼儿园相比，没有实力竞争；太低端的，品质很低廉，口碑又不好，而且它无法被规模化地推广和复制。我们既想满足普罗大众，又想定价低，所以选择走“普惠性教育”路线，而且这也是国家鼓励的。国务院于2019年5月刚出台了《关于促进3岁以下婴幼儿照护服务发展的指导意见》(以下简称《意见》)。《意见》中提出：0～3岁儿童的教育要以家庭为主、托育为辅，大力推广和普及普惠性社区早教，要依托社区资源。这个政策所要求的和我们运行的模式一模一样，对我们来讲是一种很好的激励。以前，我们做这件事情都不知道找哪个部门，他们总是问：“有政策吗？”我们说：“没有。”现在我们再去跟别人谈时：第一，有政策依据；第二，有牵头部门，别人就很容易理解了。

当然，我们为推动政策出台也花费了很多力气。除了我们之外，还有很多别的部门在推动这件事情，如联合国儿童基金会、中国发展研究基金会等，它们也意识到了这件事情的意义以及在中国市场的空缺。它们经常在北京举办一些论坛、峰会、研讨会等，我们都会参加。它们也邀请国家卫健委的一些领导参加，我会向这些领导反映，它们意识到这件事情的重要性，进而推动了政策的出台。在政策出台之前，政府也会派人来我们这里调研，了解我们的运营情况。他们调研了以后，觉得确实挺有意义的。对于社区的家庭来讲，这件事确实解决了一个很大的问题，并且费用很低。我们在有些农村的项目是公益性质的，不收费。这些项目的花费由当地政府埋单或者由一些基金会、爱心企业赞助、捐赠。

17. C：企业的主要经济来源是什么?

D：主要来源是收费。

18. C：接受的捐赠主要是给社会组织还是企业呢?

D：其实都有。以前大家都会捐给社会组织，这两年大家的思维都开放了，无论是政府还是爱心企业、基金会，它们都认为“不管你什么身份，只要你做的这个事是好的就行了”，所以它们不会特别在意对方的身份是社会组织还是企业。

19. C：捐赠在经济来源中的比例是多少呢？

D：这个没有统计过，预估大概占 30%。

20. C：这个比例不低。

D：对，不低。

21. C：前面提到“一体两翼”的模式，那么“两翼”在日常有怎样的联系？

D：从内部讲其实就是一个团队，在本质上没有太多区别，只不过是有两个身份而已，便于做事情。当然，在实际操作过程中，我们也会有所侧重。就目前来讲，偏市场化和商业化经营领域的，基本都以公司的名义进行；偏政府捐赠、企业资助、农村公益领域的，就用社会组织这个身份。我们的战略定位也是这样的：社会组织更多地做公益和农村部分；企业主要做城市部分，因为农村目前还没有找到特别好的商业模式。

22. C：社会组织的经济来源是什么？

D：主要来源于政府购买服务和社会资助与捐赠：一方面是政府；另一方面是基金会，如上海联劝基金会、澳门同济慈善会、北京三一基金会等专门做资助和爱心扶持的组织。其实，这些爱心基金会都是由企业家支撑的，他们每年捐助一些钱给基金会，之后基金会选取一些好的项目进行资助。

23. C：童萌社会企业现在处于生命周期的哪个阶段？

D：我们认为它处于初创期，还很小。公司于 2018 年 4 月开始创办，截至 2019 年才一年多的时间。

24. C：公司目前已经形成了一种连锁加盟的经营模式吗？

D：还不算成熟，仍在探索阶段。我国 0 ～ 3 岁的婴幼儿有 5500 万人左右，我们的核心定位在这一阶段大概占比 50%，这个中间层有 3000 万人左右，而我们目前服务的才 2 万人左右。你想想，是不是差得太远了呢？我们的规模特别小，还有很大的发展空间。所以，我们判断企业还处于初创期。

25. C：现在公司人员总共有多少人？

D：加起来有 48 人。

26. C：公司的组织结构属于什么类型？

D：目前公司的组织结构，我们称为“倒三角形”或“倒金字塔形”。我们会把业务放在前端，整个总部作为后端，总部会成立一些部门。我们现在处于发展初期，模式基本上有了，剩下的工作主要就是推广、复制和扩张。因为公司处在发展过程中，变化会特别多，所以我们的组织结构调整基本上三个月一次。为了适应组织的发展和变化，我们要不断地调整组织结构。我们的总体目标是打造灵活而多元的“倒金字塔形”的组织结构。最前端的就是店铺：A 店、B 店、C 店等。我们的前台就是开店铺；中台就是提供各项职能支持，如我们的 IT、财务、研发、传播、品控等；还有后台，总部的战略制定、战略管理、公共关系、资源筹措等均由后台负责。公司会形成一个前台、中台和后台搭配运行的状态。我们的核心是做成一个强大而小的后台，进而支持和推动整个前台的发展。最终，我们希望把它变成一个“自主创生式”的组织。因为这个社会问题很严重，需求很旺盛，中国那么多孩子，单靠我们是做不完的，所以我们希望最终能建立一个赋能平台。比如，你觉得我们这个项目好，想在你居住的小区去做这样一个店，那么你学会后就可以自己干。我们就是这样赋能给想在社区自己干的人群，这些人大多数是妈妈。但是如果只有你自己做这件事情就会感觉到很累、很茫然。比如，场地怎么弄？怎么装修？平时怎么管理和运营？课程体系是什么？怎么招生？你会很辛苦，而我们就可以帮你解决这些事情，因为我们有成套的体系和模式，只要你想做，只要你愿意投入一点钱启动，我们就全力扶持你、教你。

27. C：从资料上看，目前加盟需要交 2 万元的加盟费，其中 1 万元作为押金，1 万元交给总部，对吗？

D：对，这是我们对异地企业加盟的做法，不到 2 万元，而且我们现在有基金会补贴50%，只要支付不到1万元就可以加盟童萌。实际上这个钱就是一个教师培训认证的成本费用，不算加盟费。如果在成都，它们一分钱都不用交就可以到我们这里参加培训，培训完了就可以在当地开店，我们也会支持，盈利之后反哺一部分给我们就可以了。换句话说，加盟企业拿70%，总部拿20%，还有5%的公益基金和5%的共济基金。

28. C：这个反哺期是多久？

D：是长期的。因为如果你做一个店，就相当于注册一家公司，需要自己雇人管财务、税务等一大堆事情，是很难做的。而在这种模式下，虽然主体还是我们公司，但是这个店是你的店，相当于内部承包。这类似我们现在流行的阿米巴模式，在整个经营体系里独立核算，你干得多就赚得多，就这么简单。所以，我们把整个童萌称作"社区普惠早教的创新创业平台"，鼓励妈妈都在自己的小区创业。

29. C：如果规模大了，您觉得这样是否会出现质量问题呢？

D：任何事情当它的体量足够大的时候都会有风险。难免哪天会有某个心情不好的教师欺负孩子，这是很难说清楚的。我们只能保证通过我们的体系把该做的事情做好：第一，每个亲子园都要买保险，如果哪个孩子出现问题，由保险公司承担。第二，与每位教师签订承诺书和合同。如果教师违背规则，该惩罚的惩罚、该解聘的解聘、该公开的公开。第三，每个亲子园都装有监控。第四，我们对每位教师都有很严格的选拔标准。

30. C：我看到加盟宣传上写着"全职妈妈都可以过来"，那对全职妈妈有没有什么要求？

D：我们要求大专以上的文化水平。一个妈妈，过去因为带孩子离开了职场，现在她的孩子上幼儿园或者上小学了，虽然时间稍微腾出来了，但还是要兼顾家庭，每天要接送孩子。如果她这个时候去找工作，那么：第一，她已经离开职场一段时间，不好找工作；第二，她无法兼顾家庭。我们发现每个社区都有这样的妈妈，她需要一份离家比较近的工作，这样能够兼顾家庭。我们有些班早上九点半才开始，下午四点半、五点就结束了，所以她完全可以先把孩子送到学校再回来上班，下午下班后再去接孩子。这个工作可以很好地和家庭无缝连接起来。只要全职妈妈愿意做这样一份工作、创办一项事业，我们就帮助她。但最重要的还是要爱孩子，价值观很关键。

31. C：比如这个社区[①]的童萌，一般是覆盖方圆多少公里招生？

D：一般覆盖方圆 2 公里左右，太远的不会来。因为婴儿不适宜出远门，一出远门就需要带尿不湿、奶粉等，特别麻烦，而且大部分都是老人带孩子，老人不会开车。

32. C：一天托管多少个小时？

D：我们不是托管，是早教，就像上课一样。

33. C：需要大人陪同吗？

D：特别小的孩子需要大人陪同，两岁半以上可以不用。托管和早教是不一样的，托管就是把孩子放我们这里，由我们看管。但目前也有一些全日制早教，把早教和托管结合起来。但我们没有选择做托管，原因是：第一，门槛高。按照政府相关规定，必须要有 300 平方米以上的场地，而且有各种要求，如食品安全、消防、卫生等，托管还涉及午餐问题，一系列的问题都会使投资成本增大，可能没有 100 万元就开不了一个托管的店。门槛太高，复制性和推广性就会比较弱。第二，容易出问题。小孩万一生病了怎么办？万一打架打伤了怎么办？这些说不清楚。市场上也有机构做这件事情，而且家长也有这个诉求，有些家庭确实没有老人帮忙带孩子，家长希望把孩子托管出去。但是我们目前没有打算这样做，除了它的风险和投资成本高之外，还有一个最重要的原因是我们的理念。我们认为，托管对孩子的成长不利，

---

① 指访谈所在社区，即八宝街社区。

孩子还是要和自己的家人在一起，这才是对孩子成长最好的帮助，那么小的孩子就和家庭隔离，确实不利于孩子成长。

34. C：贵公司针对的是中低收入家庭，附近有比较信任你们的高收入家庭也把孩子送来吗?

D：当然有。比如，我们这里有些孩子以前就在红黄蓝上早教课，红黄蓝一节课收费 200 元左右，而我们只要 30 元左右。很多居民发现我们离家近、便宜、课程也不错，而且我们的课都是自主研发的，我们不倡导所谓的“高大上”，婴儿自由发散、自由生长才是最关键的。早教不是提早开发孩子的潜能，而是把孩子在这个阶段本来具有的能力激发出来，让他们自由成长。现在的孩子缺乏自由成长，这是因为很多大人带小孩，就是把孩子关在家里，不知道和孩子说什么，孩子没有社交，发育就会比较迟缓。之前我看到一个调研报告，现在中国的婴儿和常数比较，57% 的孩子发育迟缓。按理说一岁半的孩子能跑能跳，而且能单脚站立，他的语言功能是能够说 4 ～ 6 个字的完整句子；但你会发现，现在一些小孩一岁半了还不能跑，只能说 3 个字，这说明他没有达到标准，所以和常数比较而言，他的发育是迟缓的。最重要的原因是他的家庭没有给他做科学育儿，父母不知道怎么带孩子，不知道怎么与孩子互动，不知道怎么帮孩子发展。我们这里天天唱歌、跳舞、做游戏，还有各种交流，他的发育就会越来越接近常数，甚至会优于这个常数。

35. C：在社会企业发展过程中，您如何处理社会目标与经济目标的关系?

D：我们的项目几乎不存在这个问题。因为这个项目从一开始就是以社会目标为导向的，有些企业做商业赚了钱，再按比例捐出来，而我们不存在这个问题。我们整个模式是一体化的，围绕整个社区：第一，收费很便宜；第二，有公益活动让孩子免费参加；第三，针对特殊贫困的家庭可以免费；第四，财务是公开的。我们一开始收了多少钱，收了多少个孩子，开多少个班，家长和社区领导都很清楚。我们会建一个微信群，所有的家庭都在群里，每天的活动、安排都在群里公开，所以我们的一切都是公开透明的。

36. C：免费参加的孩子需要提供贫困证明吗？

D：只要找社区认定就行。

37. C：你们的定价原则是什么？

D：关于定价原则，我们也是经过一段时间的摸索才形成一条规则：对比周边早教机构的收费。比如红黄蓝等，我们控制在它们收费的 30% 以内，基本上参照同等地段市场价的 30%。

38. C：那公司处于微利状态吗？

D：社会企业本来就不是以追求经济利益为主的，只要我们能确保它可持续就行了。我们摸索出来的价格，一是家长比较容易接受，二是我们可以盈利。如果定价高，很多家长就不愿意花钱了，我们的招生数量就会大大降低，收入反而会减少，所以在定价与招生数量之间要保持平衡。因为从商业层面来讲，定价越高，招生成本就越高。作为一个社会企业，本来就希望在价格上能够更多地让利给大家，我们能做到这一点是因为成本低，同时还保证品质。从商业竞争上讲，企业服务和产品的竞争有一个非常重要的策略——价格策略，要做到低价竞争，有两条非常重要的途径：一是降低品质，如拼多多就是典型，它瞄准特定人的需求，把价格降到最低，依然能够盈利；二是不降低品质，通过价值链创新实现低价。我们在确保品质的前提下，实行低价策略，所以要在价值链环节进行创新。比如卖水果，如果我们砍掉很多经销商的环节，从农场直供，那么成本自然就低了。

在服务行业，我们如何通过价值链创新降低成本呢？第一，研发环节。我们的研发环节具有社会属性和公益属性，很多教师、教授，如首都师范大学、西南大学、四川师范大学等专门研究婴儿领域的专家，都是义务或以志愿者的身份来帮我们搞研发的，而且我们的研发还得到了很多基金会的支持和赞助，这样研发成本就大大降低了。第二，房租成本。现在搞实业，场地成本占很大比重。我们通过和社会上的闲置物业合作，降低房租成本。我们同社区居委会、街道办、团委、妇联、物业公司、其他教育机构等合作，它们都有一些闲置的场地，与我们合作利国利民、利己利他，何乐而不为呢？我们帮它们激活了空间，带来了人气，它们的口碑变好了，百姓也受益了。所以，我们不用租商场的店面，房租成本就降低了。第三，器械和设施设备。比如红黄蓝，它每平方米要投入设备1000元左右，我们一个店1万元以内基本搞定。我们崇尚生活化的教育理念，使用一些生活化的教育器具。正是因为每家每户都用这些锅碗瓢盆，所以我们也将这些生活用具作为教育器具。那些高大上的器具不仅费钱而且不可复制，我们用这些生活化的教具做亲子活动，孩子回家后还可以重复学习。所以，我们的物料成本也会大幅度降低。第四，人力资源成本。我们不需要很多教师，每个店一个主教、一个助教，而且我们优先聘用当地的教师。至于传播、推广，还有后勤的事情，我们每个店都成立了"家长联谊会"或者"家长委员会"。家长会自发、主动地帮我们做很多工作，如维护场馆的安全、活动签到，还会帮我们一起打扫卫生，这样我们就不用单独聘请保洁、保安、物业，可以充分利用居民自身的力量。再有就是居民志愿者。很多早教机构派很多人发传单，而我们不需要，我们可以利用家长委员会，因为每个小区都有业主群、用户群等，我们利用他们去打通这些渠道，帮我们传播。此外，还有社区渠道，每个小区有公告栏，也有微信公众号，我们利用这些渠道做宣传和推广，所以这么大的企业没有营销人员，是我们很大的特点。之所以我们定价那么低还可以盈利，就是因为我们把成本控制到极低。要做到这一点，就必须利用很多社会化动员的手段和方法。

39. C：可以理解为这是一种基于创新的低成本战略吗？

D：对。其实我一直认为，并不是价格低就是社会企业，也不是去服务穷人就是社会企业。社会企业最重要的是利用社会化的方法、资源和手段，进行整个社会闲置资源的动员、整合和激活。一般的商业公司做什么事情都是用钱来砸，所以成本高、收费也高，很多人不愿意去，它也有它的痛苦。现在也有很多商业早教中心做不下去，倒闭了；而我们企业的成本很低，不容易倒闭。

40. C：贵公司在发展过程中的资产负债率是多少？

D：我们没有什么负债。我们既不借钱，又不贷款，目前基本没有借款的需求，还没有到那个阶段。但下一步如果进行资本运作、快速规模扩张，可能会融资。

41. C：企业自身缺资金吗？

D：如果我们不想特别快速、大规模地扩张，资金方面就无所谓。

42. C：换句话讲，企业目前没有面临资金困难，对吗？

D：对。但是如果我们想要一下子开很多店，就需要钱。其实我们现在也想快速地扩张，在准备融资，也在和几个投资人谈合作。如果合适的话，我们拿到钱后就可以去更多的城市开分店。

43. C：您觉得公司运行这几年，最成功的地方在哪里？

D：我觉得没有什么成功的地方，都处在探索阶段。我们真的太小了，毕竟有那么大的市场需求，我们做的事简直就是杯水车薪、九牛一毛。

44. C：与同行业竞争者相比，企业处于怎样的位置？

D：这个要分层次来看。如果同那些高端的早教机构相比，无论是从资金体量、人员规模还是全国店的数量来看，我们都无法与之相提并论。

45. C：高端的早教机构属于我们的竞争者吗？

D：做普惠早教其实也没有什么竞争者，很多人不愿意进入这个领域。因为确实不怎么赚钱，资本回报率太低；而且他们觉得做这个很难，很多人根本不会使用社会化的动员方式。而我们是学社会工作专业的，懂得社区营造、社区动员的方法和手段，这其实是一项专业的技术。

46. C：这在社会企业营销上称作“资源拼凑术”，对吗?

D：对。

47. C：国外也在研究资源拼凑术，具体模式还请您提炼一下。

D：很多企业不具备这个能力。其实我们也没有总结出太多方法，主要是因为我们过去积累了很多资源、人脉，得到了政府的认同，加上我们的团队有社会学和社会工作的背景，所以我们懂得如何用极低的成本去动员居民共创。简单地说，店在我们这里，但场地不是我们的，钱也是早期找人合作投资的。我们每个店会找当地的妈妈投资，装修的钱就是妈妈投入的，传播、推广、招生等都是当地家长、居民志愿者帮忙的，平时的管理他们也会做。所以我们就是要构建一个系统、制定一个规则。在这个规则里面，我们允许自我创生，因为只有这样的模式才有生命力、竞争力。虽然别人看起来觉得很简单，但是复制不了。比如，争取社区免费场地这件事情就很难。若不懂这些体系，不懂什么叫社区营造、社区治理，就无法同政府、社区沟通。很多商业公司完全不懂什么叫社区治理，甚至连社区居委会都不知道。

48. C：贵公司在发展过程中是如何进行自我评价的？您认为如何考量一家社会企业是成功还是失败?

D：首先，我认为当今这个社会特别多元，任何存在都有它的合理性。评价一般都是比较死板的，用一套所谓的规则去打分，很难说它好还是不好。过去我们做孵化器，也孵化了很多组织。有些组织虽然规模很大，但是它做的事情没有深度；有些组织虽然规模很小，但是它做得非常细致，尽管它只服务了 100 个人，但是这 100 个人因为它得到了生命的升华和改变。所以在评价时，到底是看它的规模大不大，还是看它渗透得深不深，这是两个问题。有人追求大规模，也有人追求小而美，所以没有办法用一个标尺去衡量所有企业。

其次，我们衡量自己的企业其实是看两个关键维度：

第一，社会目标。我们把自己定位成一家社会企业，核心目标是推动社会问题的解决和0～3岁婴幼儿早教的普及推广，让更多0～3岁的孩子受益。那么有很多种手段和方法来推动这个问题的解决，如通过直营、连锁模式推动政策的变化等，这些都是我们的成果。所以我们的工作有微观层面、中观层面和宏观层面。我们之所以愿意和教师沟通，参加政府的各种大型会议，也是因为这样可以推广我们的理念，也许某一天就会在某个地方生根发芽。我们与政府沟通过很多事情，推动政府在相关领域出台政策，让渡一些资源，虽然这些无法直接在企业的结果上衡量，但是它对于社会发展来讲是一件功德无量的事情。之前我也提到了，我们从来不担心竞争，并希望大家来学习、复制，给予大家尽可能多的支持，所以商业企业的项目加盟费都是几十万元，我们只收不到1万元的培训成本费。比如，你要派两位教师到我们这里培训半个月，我还要派一个团队过去为你培训两个星期，成本都不止1万元，而且我们的培训是跟岗培训，要一对一、手把手地教，不是讲完课就结束了，我们只是象征性地收取一点成本而已。我们之所以设计这样的模式，目的是普及它、推广它，让更多的人受益。

所以，如果一定要有一个衡量标准的话，一是从直接层面来讲，我们开了多少家店，服务了多少个社区、多少个家庭，服务的程度怎么样。对服务的程度我们也有量化，就是衡量孩子的改变在哪里。二是从终端层面来讲，我们协助或者支持了多少人去做这样的事情，包括我们的加盟店或者培训、支持过的店。三是我们为整个行业带来了什么变化，比如推动政策的出台，进而推动了整个行业的变化。这些都是社会性指标。

第二，经济性指标，是指收入、利润等。虽然我们是一家社会企业，但是企业的可持续发展必须要有财务的支撑，否则没有办法谈社会情怀和社会理想。我们希望每年能有20%左右的盈利。2019年我们的营业额大概有400万元，2020年希望达到1000万元，2021年希望达到3000万元。我们制定了

5 年规划，并逐步推进，既希望我们的目标能够实现，也希望我们的同事能够有更好的收入，更坚定地从事这项事业。

49. C：在您看来，社会企业如何做才能保持它的可持续性？

D：所谓的可持续，最重要的是财务的可持续。首先，财务可持续的前提在于产品定位与产品服务相匹配，所以从根本上来讲，依旧是把产品和服务做好，真正为客户创造价值，让客户心甘情愿地购买我们的服务。其次，始终要确保现金流的安全。

50. C：最后，请您谈谈做社会企业的感悟以及对创业者的建议或忠告。

D：感悟挺多的，但不知道从何说起。总而言之，创业真的很辛苦，特别不容易。第一，有些事情虽然很小，但是会耗费很多精力。比如，居民提出建议，我们必须亲自处理和沟通。第二，不同的合作伙伴会有不同的诉求和想法。比如，有些合伙人认为加盟费太贵了，也有些人觉得 10% 的权益金太贵，能不能降至 3% 等。第三，在有些事情上，同事无法做到独当一面，需要我们带团队，手把手地教他们。当企业规模达到一定程度时，又要大规模招人、培养人，这些都需要时间和精力。

创业是一件非常辛苦的事情。本来做企业就非常难，做社会企业就更难了。核心原因是我们主要面对的是中低收入的人群，既要收费便宜，又要保证自己能赚钱，这的确很难，而且还有些人会跟你讲价钱。一方面，为了降低成本，我们需要做社会化动员工作以整合资源，这也要花费时间和精力；另一方面，我们又觉得非常有成就感，因为选了一个好的方向，做了一件对社会有意义、有价值的事情。看到那么多孩子的成长和变化，得到那么多家长的认可和感谢，有众多人愿意加入我们一起去做这件事情，对我们来说是莫大的鼓励和支持，就算再辛苦也都是值得的。能多开店、多服务大家还是很有意义的，如果我们能把企业再做大一点，可能成就感会更强。

给创业者的忠告：第一，创办社会企业一定要慎重。很多人是冲着热点来的，感觉大家都在创办社会企业，自己也想创办，但没有想到创业很重要的一点是初心。如果你的初心是为了赚钱，那么一旦你遇到困难，就会马上退缩。我们做这件事情的时候，从来没有想过要赚很多的钱，只是想做这件事，是对这件事情本身的高度认同。第二，选准市场、做好定位、找准赛道。有些人做项目连客户是谁都没想清楚，只觉得自己很厉害。比如，我们接触到一些心理咨询师，他们觉得自己很厉害，认为全天下的人都有心理问题，想创办关于心理咨询的社会企业去帮助大家。可是他也发现找不到客户，没有多少人愿意付钱。所以，他的创业是从自我价值出发的，而不是从用户、客户的需求角度出发的，如果找不到客户埋单，他就做不下去。他不从自身找问题，还抱怨用户不懂、政府不支持。第三，聚焦核心业务。也有人劝我们："你们能不能在亲子园顺便卖点奶粉、尿不湿，办托管，也可以做儿童摄影……"我说："从理论上来讲，我们是可以做这些事情的。但是作为一家企业，尤其当它规模还没有足够大的时候，聚焦是非常核心的。"不要什么都想做，觉得什么都能做好。现在很多机构都是这样，认为针对老人、儿童、妇女的项目全部可以做，结果却什么都做不好。所以，如果企业追求品质，就必须聚焦，做好客户细分、市场细分，这个很关键。首先，我们的定位非常清楚，做二、三线城市社区里面中低收入家庭的早教，这些家庭就是普通白领家庭，家庭年收入在30万元以内。其次，我们的客户细分非常清晰。比如，就我们这个社区而言，我们拿到的数据显示，大概300个家庭有0～3岁的婴幼儿。我们分析下来，真正符合我们的有200个左右，但这200个家庭里面可能还会有一些家庭不重视早教等。所以，当你的客户细分很明确之后，你就知道你的营销策略是什么，该如何去寻找客户。

四、访谈感悟

（一）关于联合创始人邓富友

童萌早启联合创始人邓富友，“85后”，年轻有为、知识渊博、思维缜密。他说起早教及相关事项如数家珍、娓娓道来，能够将社会工作与企业经营管理的知识完美融合，擅于沟通、演讲与外联，深谙阿米巴经营之道，能熟练践行资源拼凑术，对企业自身的运行模式提炼得非常到位，属于稀缺的高知型企业领导人。邓先生对社会企业有独到的见解，他认为除了兼具解决社会问题和自我造血属性之外，社会企业最重要的是用社会化的方法和资源实现企业的生存与发展，用社会化的手段去做社会闲置资源的动员、整合和激活；运用社会化的方法和资源是社会企业突破资源约束解决社会问题、降低运营成本、实现低价且可持续发展的根本路径。

（二）关于童萌早启

童萌的发展战略与模式无疑是新创企业、中小型企业发展的典范——清晰而接地气的愿景；详细的市场细分，明确的市场定位；成熟的集中化发展战略；轻资产运行模式；成熟的核心团队。公司的显著特征是小而美、小而精。公司核心领导团队的价值观高度一致，聚焦业务，定位明晰且准确，善于调动、利用社会及政府资源，以支撑低成本运营的战略扩张模式。公司高层团队知道自己在做什么、要做什么，不迷茫、不盲目、不纠结，整体运营氛围比较轻松。公司汲取阿米巴经营之道，其致力打造的“自主创生组织模式”值得期待。

公司潜在风险：连锁经营的固有弊端难以克服，随着加盟店的增多，不确定能否维持其高品质属性；在复制推广的过程中，随着企业规模的不断扩大，“强大而小的后台”是否真的能够支持和推动整个前台的发展，尚需要时间来检验。

第六章　成都朗力：适老化综合方案提供者

- **访谈对象**：刘英，成都朗力养老产业发展有限公司联合创始人
- **访谈地点**：四川省成都市锦江区毕升路15号汇融国际广场C座16楼
- **访谈时间**：2019年8月2日 10：00—11：40
- **访 谈 者**：陈青姣
- **记 录 者**：唐文娟　周宇宁
- 注：以下文中"C"（陈青姣）表示提问，"L"（刘英）表示回答。

一、公司简介

成都朗力养老产业发展有限公司（以下简称成都朗力或朗力）初创于2011年，2015年开始探索适老化新业务，2017年底在工商部门注册且正式核名。公司致力适老、宜居、智慧解决方案的提供与运营，目前有36家连锁养老社区，服务社区106个，服务人群125万人，为3万户家庭提供适老化改造，获得过1030余次各级媒体报道，是四川省敬老文明单位。2016年，成都朗力正式启动适老化改造服务项目，建立了从家庭到社区再到社会的服务理念，

并成立了由日本专家、政府相关领导、养老专业高校、社会学专家、建筑学专家、养老服务企业等组成的全国首家适老化服务研究中心；2018 年获得成都首届社会企业认证；2019 年 3 月，通过 B Lab 认证，成为国内第 13 家、国内养老行业首家共益企业（B Corp）。成都朗力高管和股东信息见表 6–1、表 6–2。

表 6-1　成都朗力高管信息

姓名	职位
曹丽	董事
李北伟	董事
朱庆海	董事长兼总经理

表 6-2　成都朗力股东信息

股东	认缴出资 / 万元	实缴出资额 / 万元	持股比例 /%
刘英	100	20	8.5
朱庆海	900	180	76.5
北京亿方合众咨询有限公司	176.47	176.47	15

二、联合创始人刘英简历

图 6-1　成都朗力联合创始人　刘英

资料来源：公司微信公众号。

刘英，女，1980年出生，四川大学MBA，成都朗力联合创始人。主要荣誉称号与兼职：2015年荣获哈佛大学社会创新领袖；2016年荣获全国社创星金奖；入选“2019中国商业最具创意人物100”榜单；西南财经大学社会工作专业研究生督导老师；汇丰中国社会企业支持佳话特邀讲师。

图6-2　访谈场景

三、访谈内容

1.　C：请您谈一下贵公司的起源和初心。

L：起源是我们的初创团队看到了养老领域比较大的社会问题，但企业成立之初并没有考虑从公益的角度进入这个领域。初创团队都是出于自己的原因或父母的原因选择从事养老行业的，进而发现这个行业存在很多普遍的、大众的社会问题。比如，子女由于工作、求学、结婚等因素导致无条件或不愿意与父母住在一起，从而造成“空巢”现象。我们发现老年人的市场现状是他们的生活需求尚未得到满足。这个特殊的群体经历过苦日子，他们有需求也说不出来，或者能将就就将就，但是这并不代表没有需求。大多数的老年人无论有钱没钱都这样过，造成了很多养老问题、家庭问题，甚至社会问题，特别是现在老龄化问题越来越严重。所以，基于这样一个很大的社会问题，也源于自身的一些感触，我们觉得人生还是要做一些有价值的事情，正好我们几个人志同道合，就一起来做这件事情。之前我们预想到会比较难、有风险，也做好了一定的储备和心理的准备，但没想到做起来比想象的还要难。

2. C：具体难在哪里呢？

L：目前养老领域的市场现状是：有能力的人不一定有消费意识，更多的是既没消费意识也没消费能力的人，因而造就了“有需求，但谁来埋单”的问题。而这个问题无法根本解决，使养老这一领域难以形成良性的商业行为。虽然政府也提供了一些支持，但都是在兜底，只针对主管的这一部分人，而且政府管的范围有限。毕竟中国人口基数这么大，大多数人还是靠自己来养老，如果最基本的生活可以维持，那么政府就不会管太多了。我们意识到这个问题解决起来太难了，又没有人来做，但它确实是一个社会问题。我们想通过自己小小的力量改变一下我国的养老现状，并通过一些场合、媒介的正面传播倡导大家一起来解决这个问题。我们的初心始终没有改变，就是想改变我国的养老现状。当然，为顺应我国市场，我们的初心也在不断地自我迭代、优化和修正中，让公司真正地实现可持续发展。

3. C：创始团队有几个人？

L：从出资的角度来讲，是两位[①]。从一起创业的角度来讲有多位，如我们引进的法国、英国养老行业的专业人才，以及护理方面的人才等，从第一家店到现在一直都在。

4. C：在公司发展过程中，初创团队人才有没有流失？

L：出资这部分当然是没有，但是海归团队里有流失，因为他本身不是四川人，当时是受朋友邀请过来的，由于家庭原因最后还是希望回家乡发展。

5. C：朗力的机构性质是什么？

L：朗力是在2010年初成立的，正式注册下来建立第一个社区点是在2011年[②]。2010年，我们主要做调研，因为如果想要进入一个新的行业和领

---

① 启动资金出资比例：刘英占10%，朱庆海占90%。

② 注册的第一个民营非营利性组织名称：成都市朗力养老服务中心（以下简称朗力养老）。

域，就要花时间想清楚到底要怎么做，所以前期国内外调研、准备花了一年半左右的时间。2011年机构正式成立之后，我们从社区养老开始切入。因为调查发现，有70%的老人是依托社区养老的，政府也提倡社区养老这一模式；30%是社会福利院养老模式。福利院比较好，但需要排队甚至花钱找关系才能进去。政府发现，光靠自己做养老服务不行，所以开始鼓励民营企业加入养老行业。2013年，政府出台相关政策，养老行业正式放开。我们做社区养老连锁是希望投入相对少一点，因为一个小店的投入包括装修、人员开销等，几十万元就可以开一个店，装修好一点、规模大一点的要一两百万元。但是，与养老机构相比差距就比较大了，养老机构的软硬件包括装修、床位等投入都比较大，并且成本回收时间太长。我们结合了自己的情况，觉得机构养老领域不是我们的目标，不符合我们的初衷。我们的初衷是切实推动养老问题的解决。

公司在注册的时候只能注册为民营非营利性组织（以下简称民非），那个时候只要带有“养老”两个字的，在工商部门是没有目录的，关于养老服务只能去民政局登记。因为那时候我们没有概念，也不知道民非是做什么的，是从事养老行业之后才接触的，所以一直以民非的形式来做。到目前为止也是这样，几乎没赚到钱，因为赚了一些钱之后又投进去了。从成立到现在9年了，没分过红。这是因为：第一，法律上不允许分红；第二，没有钱分红；第三，赚了钱又重新投入装修升级中。2011年，朗力养老开始做社区养老、居家养老板块，这是我们的第一个业务板块。

2013年，政府开始鼓励社会组织注册，并开始进行政府采购，鼓励各个街道和社区承接一些社会组织或者社工机构。所以同年，我们又注册了一家机构称作“朗力社工[①]”，这是我们的第二个板块，也是民非。它不是做养老服务的，而是做社会工作（社区老人服务、社区治理、社区营造等）的。它

① 全称成都市朗力社工中心，是在成都市民政局登记注册的非营利性公益机构，主要关注社区“空巢”、失能、危机老人的帮助服务及社区融合等领域。

的团队完全是独立、公开的，包括财务部门和员工都是完全独立的，因为它们的“基因”不一样。之前的机构（朗力养老）专注养老服务，工作内容偏向人员护理、养老护理、康复理疗。

朗力社工的员工大多是学社会工作专业的，主要工作是承接政府购买服务。朗力养老是自我造血，靠提供服务来收费，但也有一部分政府购买。我们为什么要做社工机构？这看起来好像和原来的养老机构有些偏离，但是第一，它们的名字都叫作“朗力”；第二，其实很多东西都是相通的。我们在做社工工作的时候有一个优势，即可以零成本直接进入社区开展社区服务。社区服务的人群并不只是针对老年人，还包含残疾人、妇女、儿童等。对我们来说，真正参与活动的更多的是老年人，或者是在家里带孩子的妇女，因为年轻人都在上班。这两个机构虽然看起来是独立的，但业务实质是相通的。我们想要利用这样的渠道来拓展我们的服务范围。

第三个板块就是我们的社会企业，是在工商部门注册的一家企业。2015年底，我们在传统居家养老方面开发出一个新的业务板块，就是适老化服务、适老化改造，并进行转型。其实，从2016年正式成立到现在，我们都在不断地进行内部修正、自我否定，一直在试错。我们觉得这个过程很正常，因为我们基本是全国最早来做这件事情的。因为没有什么经验可借鉴，很多东西都是最新的，所以不知道什么是对、什么是错。只有自己去做了，才能知道它是否正确。企业内部也经常经历阵痛，因为随着企业的发展，人员的定位是要转变的。这一领域的业务属于纯商业行为。2017年底，公司在工商部门注册且正式核名为“成都朗力养老产业发展有限公司”。

6. C：可以理解为，现在的朗力是一个集团公司吗？另外，请您谈谈“适老化”。

L：可以这么理解，但是在法律上，我们不是一个集团公司。根据《中华人民共和国公司法》规定，集团要有一定数量的子公司，规模达到一定程度。

我们公司的主要业务是适老化发展。其实“适老化”的概念很大，它包含了所有养老的业态，如社区养老、居家养老等。目前适老化业务是整个朗力最重要的部分，因为该项业务具有一定的商业模式，而且从它的可持续发展、规模以及影响力来讲，在未来的想象空间是最大的。对传统的社区养老、社区工作来讲，它们一定会遇到一个瓶颈使其无法做大。因为它们会受到很多的限制，而且模式也存在很大的问题，所以我们大部分的时间都放在了“适老化”上，包括研发、内部人员结构的调整和管理、IT 及未来的布局规划和战略等。其实就是思考企业如何实现可持续发展，以顺利迎接 2025 年中国老龄化的爆发。到那时，养老会是一个非常大的产业，涉及就业、医疗、生活起居等。

中国的养老让我们能够发挥的时间至少还有 30 年。所以，我们要考虑“未来的朗力到底要做什么”。我们想做的是提高中国老年人的生活品质，减轻子女照顾老年人的负担。我们希望提供适合老年人生活的产品和服务，简单来说就是“适老化”。在第一阶段，我们整合了市场；现在是第二阶段，我们正在研发适老化的产品，希望朗力的产品能够代表整个中国养老行业。我们希望朗力有两个标签：第一个标签是“黑科技”。我们为老年人自主研发“黑科技产品”，当人们提到朗力的时候，第一个能想到的词是“黑科技”。第二个标签是“实用”。朗力的产品能实际解决某个方面的问题。现在市场上的东西都很粗浅，随着人们生活品质的提高，并且子女出于对父母的孝心，希望父母能够生活得健康安全，他们是愿意花钱去买好产品的。

7. C：目前公司的产业链从研发到终端产品输出都涉及吗?

L：是的，我们都有所涉及。第一个周期是整合全国各个厂家的产品，通过筛选、考察，以代工的方式生产。现在是研发自有品牌，但是比较困难，产品方向修改了好几次，我们也请了红点奖的设计团队，还是想生产一些“黑科技产品”。在 2019 年 9 月第七届四川国际健康和养老产业博览会（简称四川国际健博会）上，我们的产品将会亮相。我们参展的是“朗力适老体验博物馆”，里面不仅有我们自主研发的产品，还会有整合的全球比较领先的产品，大概有五六款全都是“黑科技产品”。

8. C：公司采用的是代工模式吗?

L：可以这么理解。但核心产品是我们自主研发的，然后找厂家来生产。

9. C：贵公司在发展过程中如何处理经济目标与社会目标的关系?

L：我觉得就发展前期来讲，谈不上谁是首要的。首先企业要存活，不然谈其他的都没有意义。我们现在属于资金正流转，社会企业这一部分也有了第一轮的融资，即将进行第二轮融资，包括后续的科研团队都会大量增加。如果我们想要做成平台式的公司，就一定要有融资来支持。说实话，我们的目标比较远大，不是几个人关起门就能做成的，需要比较多的资金和人才资源。但总体来说，我们的社会企业还在创业初期阶段，现在做的事情没有太多可以借鉴的，所以我们一直在摸索，不断地试错，希望早一点知道失败的原因，这样才能离成功更近。我们的变化节奏确实特别快，每个月都在改变，以至于我被邀请演讲时，每个月讲的内容都不一样，同时也需要团队能够跟得上这样的节奏。尽管整个公司还是处于初创阶段，但仿佛离成功越来越近，因为否定了很多东西，就能想明白很多事情。

其实过去的 9 年时间已经说明了很多问题。公司章程里面有一个约定：税前的 20% 用于捐赠。虽然我们现在还没有多少利润，但在 2018 年我们确实捐赠了 100 万元给中国妇女发展基金会，用于一个全国性的公益活动，现在仍在继续推行。当然，即使未来我们的规模做大了、营销好一些了，公司章程也不会改变，包括后续再融资。我们之所以能获得这么多的认证，都是有一些硬性指标的。所以，不是我说我们做公益、我们伟大，这些都是没有意义的，而是要用一些实际行动来说话的。

从长远来讲，我们当然希望在赚钱的同时实现社会目标，但企业首先得存活。其实企业能存活就表明大家认可了我们的产品，说明我们的产品是能解决问题的，因为大家只会为能解决问题的产品埋单。所以，回归到商业本质，首先要让我们的企业存活，其次在可持续发展的同时不违背我们的初心或原则，一直做下去。

10. C：贵公司目前的盈利情况如何?

L：我们现在处于一个比较特殊的时期。就市场化业务来讲，去掉员工工资等成本后，尚有合理的利润空间。但是，我们现在大量地进行研发，包括各种试错，投入比较大，还要进行一些捐赠。若把前期所有的投入都算上，利润空间就很难计算了。

但从长远来讲，如互联网公司，前两三年都是没办法赚钱的，但是到了第四年前期准备工作完成了，就能迅速盈利了。所以，盈利与否不能按照传统模式来计算。准确地说，我们公司还没有走上正常的运营轨道，等前期准备工作完成了，才可能“引爆”市场，可能到那时才适合评价企业是盈利还是亏损。

11. C：公司在发展过程中遇到了哪些困难?

L：困难有很多。比如，我们属于一种独创模式，甚至是在挑战一些常规的行业做法，很多人都不太懂我们在做什么，包括公司内部的员工，也不见得所有人都清楚我们在做什么，因为很多东西不太方便和每个人都讲，讲了也不一定理解。我们走的路没有人走过，所以就会有各种弯路，有可能成功，也有可能失败。如果成功了，就会在全国开出一条路，解决如何实现盈利的问题；当然，如果失败了，也只是某种层面上的失败，毕竟在经历了那么多失败之后，总能找到一条成功的路。所以我们的信念非常坚定，会一直走下去，只是希望过程能短一些。

12. C：您如何评价贵公司社会目标与经济目标的实现程度?

L：从内部来讲，我们是由区域性向全国性发展，评价指标有三个：第一，业务区域在扩大。第二，我们服务的人群数量在增加，原来做社区养老只有十几个床位，现在通过做适老化服务，服务人群增加了很多。第三，我们做这件事情的社会意义大于经济意义。一是我们在行业里解决了如何破局的问题，现在已经有很多人在模仿我们做的事情了，我们带动了行业的发展，我认为我们在这方面的贡献很大；二是致力解决百姓居家养老的问题；三是对社会稳定具有一定的促进作用。

简言之，从社会价值来讲，我认为我们很伟大；从经济价值来讲，我们现在还谈不上实现了多大的经济价值，目前还在不断地投资、摸索，但是已形成雏形。我相信我们一定有机会，因为我们是这个行业的最先进入者。直白地说，只有最先进入者才有可能赚到钱，因为规则都是由其制定的。所以只要我们突围了，就有一定的经济价值。

13. C：您觉得什么样的企业才是真正的社会企业？您做社会企业的感悟是什么？您对创业者有什么忠告或建议？

L：我认为"是不是社会企业"对我们来讲没太大关系，这都是别人给予的名称。我们愿意认证是因为我们想试一下公司到底处于什么水平，从中梳理自己。但是我们不会把社会企业作为我们的标签，我们是一家企业，不忘我们的初心。所以，无论我们是不是社会企业都是这样的想法。这是我对"社会企业"这个名称的理解，和我们企业没有太大的关系，我们该怎么做还是怎么做。

关于给创业者一些忠告，我认为我们没有资格给别人忠告，而且社会企业现在还处于雏形阶段，我国对社会企业的定义依然模糊，每个人的说法都不一样，更多的还是要通过官方界定。很有意思的是，现在官方的理解差异也很大，如成都与北京、佛山的理解都不一样，不过大方向是一样的，所以在定义都不清晰的情况下，不能判断哪个是好的，哪个是不好的。如果非要给点建议的话，我觉得不用想那么多，不用想"它是什么"，只要想"你是什么、你该怎么办"就行了。还是回归到企业的本质，首先要让企业活下来，其次要有社会企业家精神，不违背道德底线，一直坚持做下去，解决社会问题，以弱势用户的需求为真正的导向，至于盈利就交由市场来说话。

四、访谈感悟

（一）关于联合创始人刘英

成都朗力联合创始人刘英，阅历丰富、霸气十足、直爽利落。刘女士较早涉足中国养老产业，具有一定的行业知名度与影响力，负责公司的外联与形象宣传，擅于演讲。她认为“业务基因决定了公司的社会属性和发展初心”。在她看来，社会企业在中国依然是一个模糊的新生事物，社会企业的认证对成都朗力的发展并没有产生实质性影响。成都朗力尽管通过了社会企业认证，但在本质上依然是企业，要回归企业本质，活下去是当下最应该思考的问题。根据她的观点，社会目标不是企业有意为之的，而是伴随企业初心、使命和定位自然存在的，企业在以解决社会问题为导向提供产品与服务的同时，便在某种意义上实现了社会目标。

（二）关于成都朗力

成都朗力致力打造适老化生活环境，处于快速发展阶段，希望被贴上“养老行业的黑科技”与“使用性强”的标签。公司显著特征：探索与试错、年轻态、等待引爆点。探索与试错——“唯一不变的就是变”是对公司目前最贴切的表述。公司推行试错战略，勇于尝试，灵活多变，及时调整。年轻态——公司核心团队呈年轻化，具有先进的理念，对社会企业及共益组织的认识系统而深入，理论水平较高，为指导实践奠定了良好的基础，用年轻人的思维去做适老化业务，对传统的僵化模式有一定的冲击与改观。等待引爆点——随着中国老龄化社会的来临，养老行业的潜力将被激发，企业上升的空间大，公司的商业模式在迭代更新与自我完善中积蓄力量等待时机，以求引爆。

第七章　创女时代：凝聚女性力量参与社区治理

访谈对象：刘妮娜，成都创女时代科技社会企业有限公司联合创始人、副总裁

访谈地点：和美社区文化活动中心美育中心（成都成华区和雨路8号）

访谈时间：2019年8月2日14：00—15：30

访 谈 者：陈青姣

记 录 者：唐文娟　周宇宁

注：以下文中“C”（陈青姣）表示提问，“L”（刘妮娜）表示回答。

一、公司简介

成都创女时代科技社会企业有限公司（以下简称创女时代），原名“成都创女时代科技有限公司”，成立于2015年8月28日，是推动女性创业就业的社会企业，致力凝聚女性力量，参与社区发展治理，并为女性提供能在社区兼顾事业和家庭的解决方案。创女时代已服务并帮助上万名青年女性创业，培育推动数百个“生活性服务”创业项目落地，并主动参与社区发展治理。创女时代成功参与社区治理的典型案例有：创女馆——兴蓉社区服务载体，

这是创女时代初心迭代、“二次创业”的起点，将企业的主战场转移到社区；CDHT——成都高新区女性创新创业服务基地，并基于此打造“生活性服务项目大超市”，可持续将200多个生活服务项目输送到33个社区，为数十万居民提供高品质的生活服务。

图 7-1　创女时代联合创始人、副总裁　刘妮娜

二、联合创始人刘妮娜简历

刘妮娜，女，1987年出生，硕士研究生，2015年至今，创女时代联合创始人、副总裁。

三、访谈内容

图 7-2　访谈场景

1. C：请您谈谈贵公司的起源与初心。

L：我们做的事情有两件：一是推动女性创新创业；二是凝聚女性创业力量，参与社区发展治理。我们的初心一直是围绕女性创业。公司初创时，我和合伙人在英国留学，在那时接触到了社会企业，当时中国还没有社会企业。2012年回国后，我们在工作中接触到了身边很多的海归女性团队，在她们创业或者实现自我价值的过程中我们发现，实际上女性创业与男性创业相比还是有一定的弱势，存在明显的差异，女性需要抱团发展和更专业的指导。一方面，当时我们思考，国外有兄弟会，类似地，在国内我们也可以做一件关于女性创业、就业的事情；另一方面，我们曾在四川省大学生创新创业活动中心工作。基于这两个原因，我们创立了关于女性创业的创新创业平台。

2. C：您第一次接触“社会企业”的概念是什么时候?

L：2010年。2009—2012年，我在英国读研究生，但那个时候还是学生，了解得不透彻。

3. C：公司的启动资金来源于哪里?

L：那时候我们觉得这是一个把大家凝聚在一起的组织、企业，还不能叫作“平台”，因为平台太大了。公司的启动资金比较少，都是我们创始人内部投入的。我们公司注册资本总额是100多万元，实缴资本10多万元。我们最初没有拿工资，过了很长一段时间才有2000多元的工资，还有一些其他的补助，之后才有了正常的工资。

4. C：出资的时候是刚毕业吗?

L：不是，毕业后工作了一段时间了。我们2012年毕业回国，2015年创立这个平台。

5. C：公司发展至今，有没有偏离初心?

L：有。其实我们创业经历了1.0版、2.0版、3.0版，在这个过程中经历了很多诱惑或者市场发展阶段，有很多问题需要我们思考。比如，市场的发展到底是追求盈利还是其他东西？还有家庭等各种原因很容易使人偏离初心。其实刚开始在我们合伙人里面也有一位男性，最后他退出了，我们把他的所有资本都退还给他了，他觉得我们应该做一些改变，但我们就是想坚持初心，所以公司发展得相对慢一点。说实话，我们现在的团队才三十几个人，这个过程其实是挺慢的。

6. C：您刚刚谈到了诱惑，主要是指哪方面呢？

L：主要是收益。因为最初我们基本不拿工资，经济压力比较大，资金全部来源于家庭的补贴或原始积累。之后有了 2000 多元的工资，用于我们平时交通、基本开销，也没有任何收入。作为社会企业，在它没有解决造血功能的时候始终坚持初心是一件挺难的事情。最初我们还不能称作“企业”，因为它没有具备造血功能，2017 年逐步具备造血功能，2018 年造血功能越来越好。

7. C：企业是在哪个部门注册的？

L：在工商部门注册的。因为成都的市场监管部门规定，只有在工商部门注册的企业才可以参与社会企业认证。

8. C：公司从一开始就关注女性创业领域吗？

L：对。

9. C：目前的组织性质属于纯企业吗？有没有接受募捐？

L：属于纯企业，没有接受捐赠。

10. C：贵公司与哪些社会部门的联系比较紧密？

L：妇联。

11. C：能谈一谈与妇联主要是怎么联系或合作的吗？

L：主要是购买服务。在业务层面，因为妇联有外包业务，所以我们就承接它的外包业务。我们现在和社区治理委员会的联系也较多，还与组织部、街道、社区等都有很多联系，在基层做这样的服务必须和很多相关部门保持紧密联系。

12. C：成都市出台了与社会企业相关的政策，这些政策对贵企业的发展产生了哪些影响?

L：因为成都从2018年开始认证社会企业，同年8—9月开始申报，到12月才公布名单；2019年出台了一系列相关政策，还需要各个区逐步落实。我们现在能够感受到的就是有一些部门的采购参与进来。目前对于社区的发展，更多的是由NGO[①]来做，部门在选择采购单位时会考虑社会属性、政府认证等因素。所以在同等条件下，相比一般商业企业，在业务层面对社会企业可能有一定的优先考虑。

13. C：站在社会企业家的角度，您认为政府在社会发展中应扮演什么样的角色?

L：我认为更多的是推动作用。因为社会企业就是市场化的一种现象，它不可能要求政府给予很多的扶持，或者打破一些平衡。另外，政府也没有必要进行过多的扶持，因为社会企业必须具备造血功能。但像我刚才谈到的，在同等条件下，如果政府能有这方面的政策倾向于社会企业或者在采购方面给予优先考虑，我认为比较好。因为同等实力下，能够对坚持初心的企业做一些倾斜就已经够了，其他方面我认为不太需要。当然，如果有一定的补贴也挺好，但是要满足我刚刚谈到的问题——同等条件下优先考虑，不是无条件补贴。

14. C：贵企业有没有享受到政府的补贴、免费场地等政策?

L：目前没有享受到关于社会企业的资金补贴，因为我们企业落户在高新区，高新区的政策前段时间正在修正，目前还没有出台，补贴还没下来。但我们的场地和正在运营的一个社会企业培训孵化基地都是由政府提供的。

---

① NGO：Non-Government Organization，非政府组织。

15. C：企业的主要收益来源于哪个业务？

L：更多还是来源于 G[①] 端，即政府购买。

16. C：除了 G 端之外，还有哪些业务？

L：也有一些 B[②] 端的，因为我们本来就是做企业服务的。

17. C：这两项业务各自占比多少？

L：G 端占比约 60% ~ 70%，B 端占比约 20%。

18. C：请您介绍一下贵企业的商业模式。

L：我们的商业模式就是提供一个综合性、枢纽性的平台，整合进入的项目。所有进入的项目都会在我们的商业大超市里面进行整合。我们作为平台，在承接政府的业务之后，让它们来我们这里进行孵化。

19. C：请您结合实例谈谈贵企业是如何帮助女性创业的？

L：以前我们通过妇联做了很多活动，线上、线下的形式都有。我们既做过省妇联的执行单位，也做过它的创联站办，对高校、企业进行宣传。首先，我们会做很多前期工作，通过各级媒体（无论是官方还是非官方的）做一些报道，用多元的渠道收集女性创业或者想创业人群的信息，举办相应的活动。其次，我们会根据收集的信息对她们进行分类服务，主要分成六大类：家庭亲子、文体艺术、康养护理、农业生鲜、文化教育、文创生活。最后，我们会帮助她们进行技能培训、连接创业资源，包括外部创业环境分析、人事管理、财务、企业的模式输入以及投融资等。我们目前有 136 位导师和 60 多家这样的合作机构，会定期举办一些这样的活动或服务。我们在高新区的基地就是项目大超市，创业项目进入时会在这里进行培育和孵化，待相对成熟后会输出到各个社区的点位上，做一些真正的市场性行为。这样做不仅可以让创业项目进行沉浸式的孵化，还可以让它服务居民。这个过程不仅有助

① G：Government，政府。
② B：Business，企业。

于找到真正的市场，还可能有盈利。我们有比较完善的孵化流程（见图 7–3）：创业者申请—创业者提交材料—面试审核—填好六大类、签订服务协议—提供创业培训—匹配孵化法律顾问、市场渠道—满意度大调查—项目考核，之后进入项目大超市，通过项目大超市输出到社区的点位，对不同的人群进行服务，这是针对创业者的模式。

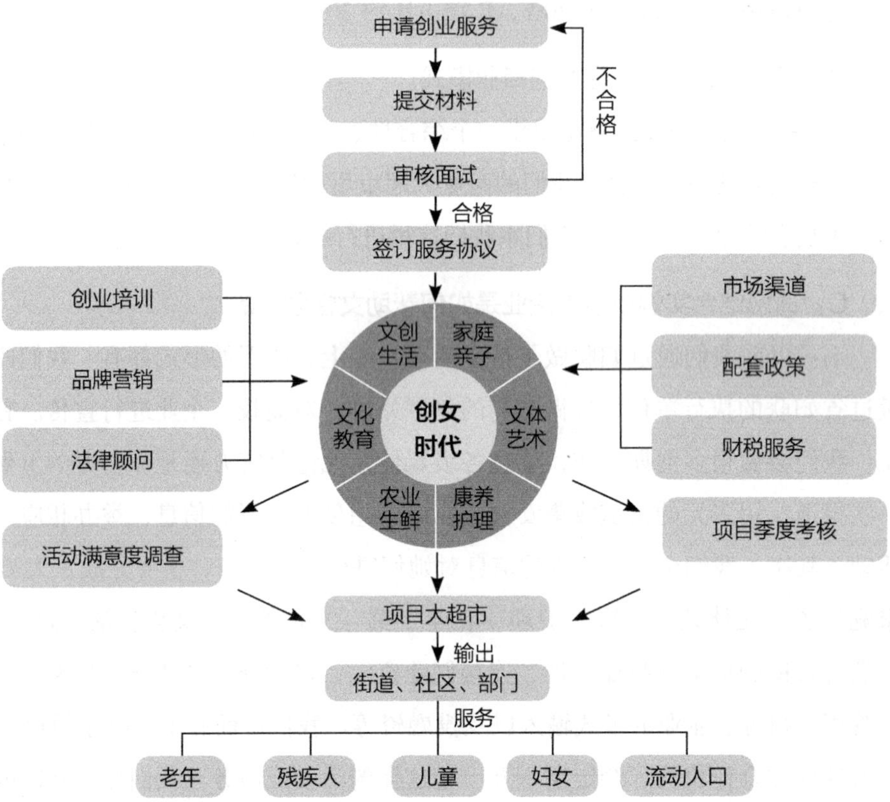

图 7–3 “生活服务项目大超市”项目服务流程

资料来源：创女时代《企业宣传手册》。

20. C：你们的服务对象也是你们的扶持对象吗？

L：是的。

21. C：贵企业对扶持对象有什么要求吗？

L：原则上没有，因为我们主要针对女性创业。但创业者能不能进入签订服务协议的阶段，还要看她们是否清楚要做什么、是否已经有团队或基础架构。如果只是个人或者只是有想法的，那么我们鼓励她们经常来参加我们的活动。真正进入平台的项目是有一定的项目基础、项目计划和团队的，我们设立这样的门槛，由专业的项目部负责人进行审核。

22. C：创业者对项目有一个大致的框架后，你们再去帮助她们运营，是吗？

L：是的，创业者要有项目的初始模型，至少是初创型项目，才能进入我们的项目大超市。如果项目处于早期，如创业者的人才团队不足、商业模式没有形成，那么可以参加我们的培训活动，我们帮她们梳理。

23. C：项目大超市包括理论培训、经营培训吗？

L：这些都包括。只有被市场肯定的项目才可以进入项目大超市，这只是孵化的一个过程。

24. C：在贵企业的发展过程中，社会目标和经济目标会产生冲突吗？

L：有时候会产生冲突。赚钱有很多种方法，如通过平台的数据转换达到预期的财务目标，我们的财务总监也会问我们，这么多人要达到什么样的利润水平。如果只是达到经济目标挺容易，但要通过实现我们的初心来完成这样一件事情，我认为是有一定的难度的。

25. C：如何处理经济目标和社会目标之间的关系？

L：还是要看创始团队想要达到什么样的目标。如果想要坚持初心，那么经济目标可以放缓一点，但并不是不需要经济目标。我认为，如果通过大家的讨论可以达成一致，那么节奏可以稍微放缓一点，一年可以实现的经济目标，我们放缓到两年或者三年来实现。

26. C：创始团队或者企业顶层是如何协调彼此价值观的？

L：我和另外一位创始人一起创立了创女时代，我们读书时是同学，上班后几乎在同一个单位，后来又在同一个部门，我们俩相当于姐妹，工作关系磨合了五六年才一起创业的。初创团队中还有其他三个人，一位男士、两位女士，但在企业发展过程中退出了。所以，在坚持初心的过程中，还是要靠时间筛选一些人。现在我们管理层又进来了四个人，他们也是在认可我们的初心和模式后才进来的。

27. C：目前企业管理层有多少人？

L：6 人。

28. C：企业正式员工总共多少人？

L：30 人。

29. C：管理层之间有没有发生过价值观冲突？

L：几乎没有，志同道合。创女时代能够走到今天也是大家配合默契的结果，我感到庆幸。对于一个企业来讲，团队是最重要的，能不能做成一件事，真的要看团队。

30. C：在过去的几年中，您认为企业为社会做的最大贡献是什么？

L：家庭服务。用妇联的话说，我们真正解决了家庭问题，特别是参与社区发展治理，为维护社会的稳定做出贡献。我们参与社区发展其实也是在践行习近平总书记在党的十九大中提出的“不断满足人民日益增长的美好生活需要”。这件事情虽然看起来很小，但我们是真真正正地在做。比如，和美社区居民有 8 万人，一般的社区都是一两万人，并且这个社区全部是外来人口，大家都是陌生人。如何对这 8 万人进行融合，维持社会稳定，共建一个美好社区？我们就在解决这个问题并提供方法。2019 年，社区的投诉、犯罪率都明显降低，我们可以看到生活指数在提升，这就是我们为新时代中国建设做出的贡献。虽然中国梦很大，但我们一点一滴认真地做，这是我们自豪的地方。特别是现在，我国全面放开二胎政策，虽然很多女性接受的教育水平挺高，但她们还是愿意回归家庭，不愿意让孩子接受隔代教育，而我们为这些女性兼顾家庭提供了更好的选择。比如，社区的很多女性属于中产阶层，因为万科、蓝光等开发商的商品房大楼盘都在这里。她们生了二胎，基本上要有3～5年的时间待在家里。那么，她们如何在家门口实现自我价值？她们可以来这个社区的创女馆，我们帮助她们实现，我认为这是一件非常有意义的事情。

31. C：从经济效益来看，您认为企业近几年的发展趋势如何？

L：呈直线上升趋势。

32. C：收入增长率大概是多少？

L：50%～60%，可能还不止，具体需要咨询财务人员，但是人工成本也增加了。

33. C：贵企业所在行业的竞争状况如何？

L：要从两个方面看：一方面，在女性创新创业领域，全国都有一些女性平台，但大家的方向不一样，如北京有一个组织叫GirlUp，它的创业环境相比成都会更好，因为北京的资本环境更好，所以它更倾向资本这一领域，倾向投资项目。而成都的资本环境没有那么好，并且很多项目也用不了多少钱，10多万元、几十万元就够了。“80后”“90后”的家庭基本都能有一些经济支撑，通过原始的资金积累或几个姐妹一起众筹就可以解决资金问题，并且他们不需要那么多的资金。所以，我们更多的是从模式、市场等其他运营干货方面给予支持。简言之，有差异就不存在比较。另一方面，在社区综合体运营领域，我们在全国应该算发展得比较靠前的企业，因为成都的社区治理理念比较靠前。据我了解，上海的宁家也在做这样的社区载体运营，但具体的模式是否形成、最后的效果怎么样，我还不太清楚。所以，可以说在社区运营行业，我们是第一家或者第二家，后面肯定会有很多的企业进来竞争，但目前我觉得还好。

34. C：在过去的几年中，贵企业遇到的最大的困难是什么？

L：主要是方向上的困难：一是经济效益与初心的平衡；二是模式的梳理，到底是B2B、B2C还是B2G？因为社会变化太快，所以我们的模式也要不断地梳理、升级。在这个过程中，我们最担心的也是商业模式问题。

35. C：您认为贵企业比较成功的地方在哪里?

L：我觉得是跟着初心走。最初，我们在办公室做楼宇经济和孵化器，运营了 1 万多平方米的办公楼宇。虽然那时的投资不看男女，但我们在整理数据库时发现，很多都是女性项目，并且 70% 的女性项目都是生活服务类的。然后我们就决定不做之前的项目了，因为生活服务类才是市场需要的。我们把生活服务类项目与市场结合，在商城里面做，但做得不好。之后正好遇到政策推动，我们得到了一个很大的社区载体。当时我们团队规模比较小，也比较默契，很快转变了方向，将重点从商城转向社区结合体。所以，我认为我们是坚持初心的胜利者，我们从受众群体的需求出发抓住机会，这也是我们能存活的一个重要原因。

36. C："女性创业"的界定是要求创业团队成员全部都是女性吗?

L：不是。我们团队也有男性，只是创始人、团队的中高层是女性就行，因为团队还是需要男性在思维、力量等很多方面的支持的。我认为创业不能完全依靠感性，女性就是太感性了，还是需要很多理性思维的。

37. C：您认为如何评价一个社会企业为社会做了多大的贡献? 如何评价它的经济效益以及整体水平?

L：其实相关部门在社会企业认证的时候就做了很多评定，涉及创始人的初心、团队的情况、已经服务人群的反馈以及财务报表等方面。我们的章程里面明确规定了收益的 30% 用于保持我们的初心。这几个纬度相对比较复杂，不是从某一个点可以看出来的。现在的中国慈展会对于社会企业的认证还相对比较完善，因为它已经做了很多年的社会企业评价工作，可以参考它的一些资料。

38. C：我们掌握了一些社会企业认证评价资料。我们想知道，您从实业界角度看，如何进行评价更合理一些?

L：我认为还是要看数据。

39. C：您认为社会企业认证的评价体系合理吗？

L：我认为还是比较专业的。自 2018 年 8 月我们提交材料以后，相关人员到我们的点位进行专访，一对一访谈部分受众群体，检查财务报表，还从工商部门调了一些材料，经历了 3 ~ 4 个月的审核。同年 11 月，我们被中国慈展会评为“中国好社企”，然后成都市又进行评定和筛选，我们又补充了一些资料。因为这次是成都市首批认证社会企业且只认证 12 家，所以认证流程比较严谨，经过又一次筛选我们才被成都市认证。

40. C：未来三五年或一两年，贵企业有什么打算？

L：我们觉得现在的模式挺好，还是想按照现在的模式做。我们希望在社区真正做到为女性创业服务，吸纳更多的女性力量加入社区发展治理中，让更多的社区和家庭不仅享受服务，还可以更多地参与进来。

41. C：整体来看，贵企业现在处于哪个发展阶段？

L：这两年是我们快速增长的阶段。

42. C：请您梳理一下贵企业商业网络中的关键点。

L：关键是铺点，有了更多的点位才会有更多的女性加入，只有更多的女性加入我们才能输出更多的项目去帮扶她们。所以，首先我们要把点位铺好，做好我们的阵地。

43. C：你们的点位是依赖社区而存在的吗？

L：有社区，也有一些商业区域。比如一些商业楼盘，但合作模式不太一样。我们更多的是利用社区这一领域。

44. C：您认为社会企业实现可持续发展的关键是什么？

L：找准盈利模式，产品与服务品质要好。比如喜憨儿，它是一个比较有名的聘用脑瘫患者洗车的社会企业。它的培养模式前期可能靠情怀来吸引客户，当然前期可能也做得很好，但它最终盈利一定是因为洗车洗得干净。所以，我认为服务、质量、内容、模式都要做好。虽然别人可能靠情怀来埋一两次单，但不可持续。社会企业要解决社会问题不能一直靠情怀吃饭，最终还是和一般企业一样，要把商业模式做出来才行。

45. C：最后，请您分享一下您的社会企业创业经验。

L：我觉得团队成员间的相互信任是最重要的，大家拧成一股绳，齐心协力，共同为初心奋斗。

四、访谈感悟

（一）关于联合创始人刘妮娜

创女时代联合创始人刘妮娜副总裁，轻声细语、温柔至极，具有留学背景的她自带文艺范地说："社会企业有很多概念，也有很多看法、流派，我只能说社会企业在每个人的心中。"在刘女士看来，找准盈利模式、提供高品质的产品与服务是社会企业可持续发展的关键。

（二）关于创女时代

创女时代是一个"战略跟随政策"的典型社会企业，坚持"党建引领、政府主导，遵循商业逻辑"的路线方针，初创时抓住全国"双创"的时代风口，围绕社会痛点"女性事业与家庭的矛盾"顺利扬帆，成效显著。企业紧随政策导向，快速进行创业使命迭代升级，进一步创新商业模式，聚焦女性力量来参与社区治理，将项目申请、孵化落地、服务社区、参与社区治理等服务内容模式化、流程化，为自身的可持续发展奠定了良好的基础。尽管企业以政府政策为风向标，却不曾迷失初心，而是跟随政策对初心进行迭代升级，这是难能可贵的。

第八章　中和农道：特色主导农业，为全产业链赋能

访谈对象：王光远，四川中和农道农业科技有限公司总经理
访谈地点：四川成都市高新区世纪城路 208 号中信银行 12 楼
访谈时间：2019 年 8 月 2 日 16：00—17：50
访 谈 者：陈青姣
记 录 者：唐文娟　周宇宁
注：以下文中“C”（陈青姣）表示提问，“W”（王光远）表示回答。

一、公司简介

四川中和农道农业科技有限公司（以下简称四川中和农道）是电商扶贫社会企业，于 2017 年 2 月 6 日成立，直接投资人是北京中和农道科技有限公司（以下简称北京中和农道），认缴出资额 100 万元。北京中和农道的直接创办人是中国扶贫基金会，持有 100% 股份，打造了电商扶贫品牌“善品公社”。公司秉持“授人以渔”的理念，以“让诚信生产实现价值”为使命，在全国贫困农村地区支持小农户组建合作社抱团合作，通过品控管理生产安

全、优质的农产品，依托互联网、电子商务和新零售等多种渠道有序连接市场、培育地域农产品公共品牌，以此通过市场的力量提升小农户的组织合作能力、品质生产能力和市场对接能力，最终实现可持续脱贫发展。在项目业务板块，公司按照“产业提升、价值拓展、市场链接、体系赋能”的项目思路，围绕贫困地区电商扶贫“品质、品牌、供应链”关键三要素精准发力，推动多方充分参与，以小农户、贫困户为核心，提升合作社参与市场与整合资源的能力并延伸产业价值链，提高组织化能力和市场核心竞争力。2018年，公司获四川省成都市首批“社会企业”认证。四川中和农道高管信息如表 8-1 所示。

使命：让诚信生产实现价值。

愿景：耕者有尊严，食者得健康。

定位：公益电商品牌运营商。

目标：发展成为信任农业品牌。

价值观：诚信、创新、激情、专注。

致力解决的社会问题：农村发展（产业扶贫）、食品安全。

表 8-1　四川中和农道高管信息

高管姓名	职位
刘文奎	董事长
王光远	总经理
王军	董事
唐凤美	监事
陈红涛	董事

二、总经理王光远简历

王光远，男，1985 年出生。主要工作简历：2017 年 2 月 6 日起，四川中和农道总经理；2015 年 1 月 29 日起，北京中和农道经理；2010 年 2 月 5 日，南昌天蓝农业科技有限公司股东。

图 8-1　四川中和农道总经理　王光远

三、访谈内容

图 8-2　四川中和农道创始人访谈及参观场景

1. C：作为创始人之一，您觉得公司成立的初心是什么？在价值观上如何达成一致？

W：与一般的社会企业不同，我不能算是创始人，创始人应该是1989年扶贫办主管的一个部门——中国扶贫基金会（以下简称扶贫基金会），它的性质是一个公益组织。扶贫基金会之所以做中和农道公司，是基于两个大的宏观背景和一个偶然的事件。第一个宏观背景是农村产业扶贫，即如何依托农产品的市场化帮助农民提高生产化能力，因为对很多贫困地区来说，市场化变现路径只有两种：一种是农产品的销售，另一种是旅游资源的开发，从而引申出农产品的扶贫。第二个宏观背景是从消费者的角度来讲，即消费升级，市场需求旺盛。偶然事件是发生于2013年4月20日的四川雅安地震，地震后扶贫基金会总共给灾区物资基金3.4亿元。在基础设施、教育和医疗改善以后，有相当一部分基金用于探索如何利用创新做产业。在产业的重构过程中，因为偶然的事件和尝试，孵化出了这家公司。

先谈一下逻辑关系。四川中和农道的直接投资人是北京中和农道，北京中和农道的直接创办者是扶贫基金会，持有100%股份。某种程度上可以理解为四川中和农道是扶贫基金会的“孙公司”，成立时间是2017年2月6日，地点在成都市高新区。北京中和农道的成立时间是2015年1月29日，地点在北京市海淀区。总体来说，扶贫基金会是在探索用创新的方式解决农村产业可持续发展问题。农村产业可持续发展涵盖了脱贫攻坚时代的任务导向，即如何通过产业发展帮助农民脱贫、实现乡村振兴，以及解决海量需求和食品安全问题。

2. C：公司的创始人团队是如何与投资方连接在一起的？

W：我大学毕业后就在扶贫基金会做全职志愿者，2011年7月20日入职，2012年9月转为正式员工。在扶贫基金会的第一个岗位是汶川灾后产业重建项目专员，验收各个基础设施项目，如学校、道路设施是否合格等。2011年9月3日，我从汶川灾区调回北京做善品网的项目。简单来说，这个项目就是

B2C 网络义卖平台，基本运作模式是扶贫基金会每年除了接受扶贫资金之外，将捐赠物资、救援物资以及笔记本电脑等设备放在网络义卖平台进行变现，之后作为非定向基金。虽然扶贫基金会一年筹款也有几亿元，但是一般用于支持国内，很少支持国际化，所以这笔非定向基金重点用于支持扶贫基金会的国际化战略。

2011 年上半年，扶贫基金会组建了一个团队做善品网平台，我是 2011 年 9 月加入的，当时有一位牵头人做了近两年，到 2013 年 4 月 20 日，也就是四川雅安地震的时候，这个平台基本上就倒闭了，但是扶贫基金会官方并没有承认失败，只是说没有成功。4 月 22 日，我到了灾区，第一件事就是跟着 20 多个团队在灾区一线扎帐篷、发物资。那时，扶贫基金会发物资用了 6000 多万元，还拿出 2 亿多元用于灾区重建。灾区重建首先必须搞清楚需求，其次要组织一个团队长期驻守在那里。汶川地震的时候，扶贫基金会待了 4 年多时间；玉树地震的时候，派了一个人在灾区待了 3 年多时间；雅安到目前为止还有人在，大概有 6 年时间。

当时我是领导安排去调研的，本来想待一个月，但是领导想让我留在那里，我思考之后就留下了。待了一年之后，扶贫基金会挂牌成立了芦山灾后重建办公室，加上我一共是 6 个人，一直待到了 2017 年 2 月 6 日。今天你们看到的这栋楼就是扶贫基金会 2017 年下半年买的一层办公楼，这栋楼原来是芦山灾后重建办公室，这个地方就是从那个办公室转换过来的，目前是扶贫基金会在大陆地区的第二办公区，七八个事业部合署在这里办公，初见雏形是在五六年前，即雅安地震之后。

我们和四川中和农道的渊源是做扶贫基金会的平台。我原来的劳动合同是和扶贫基金会签订的，直到 2015 年 1 月 29 日北京的公司成立以后，我与扶贫基金会解聘，同北京的公司签订了合同。公司目前有 10 多个人，一部分人属于北京公司，另一部分人属于四川公司。所以严格来讲，我们不算是一个创业团队，是由扶贫基金会投资，属于扶贫基金会内部的一个公司。

3. C：公司成立的最初目标是什么？

W：四川公司和北京公司的团队其实是同一拨人。从法律上讲，四川公司是一个独立法人。其成立的核心原因是我们的初心——做产业扶贫，直接原因是在 2017 年前后，公司的主要项目区域在四川雅安、大凉山、攀枝花、广元。四川省商务厅、农业厅的领导建议，既然公司业务都在四川，注册地在北京，有异地经营的风险，还不如在当地成立一家公司。我们考虑了管理效率的问题，以及省厅可能有优惠政策，所以成立了四川的公司。

4. C：请您具体介绍一下贵公司现在关注的领域。

W：我们关注的领域和原来一样，主要是“大三农”中的农业产业化。切入点就是通过农业产业化提升农民的市场化能力，进而改变农村现状。

5. C：四川中和农道的性质是企业还是非营利性组织？

W：这个公司是在成都市高新区市场监督管理局注册的。从注册性质来看是一家商业公司，是 2018 年 12 月 26 日由成都市政府认定的社会企业。因为我国没有注册社会企业这一项，所以采用的是先注册后认定的方式。

6. C：贵公司在发展过程中，密切关联的部门有哪些？

W：有很多部门。用一句话说，就是通过机制创新的方式对农村的特色主导农业产业做全产业链赋能，以提高其市场化能力。全产业链赋能是一个非常新的概念，只有把八类资源有序、系统地导入，才可能整体提升一个地方的产业。第一类资源是技术，如种植猕猴桃，最专业的大学专家是谁；第二类是供应链，包括包装、物流、仓储，目前我们的战略合作伙伴是顺丰；第三类是销售渠道，如线上的阿里巴巴、沃尔玛，线下的百果园；第四类是品牌，如针对品牌进行媒体宣传、明星和品牌跨界合作等；第五类是公益合作伙伴；第六类是政府，主要是省、市、县、乡级；第七类是社区，专指我们的项目区，以村为单位；第八类是智力，如智库、大学等。

7. C：在八类资源中，支撑你们发展的核心资源是什么？

W：这八类资源都很重要，总体上可以拆分为三段，采用“3+1”模式：“1”是指政府，我们做的事是政府有序统筹的；“3”是指农业产业链上游、中游和下游。上游指的是技术单位、合作社、村级等维度，中游指的是仓储、物流、包装、供应链，下游指的是品牌、渠道、平台、市场资源等。如果进行再分类，我认为上游最重要的是农村的合作组织、合作社，这是根基；中游最核心的是商品化处理；下游最重要的是渠道，只有通过渠道销售才可以把这件事变现，这是交易的最后一个环节。

8. C：成都市政府出台的社会企业的相关政策对贵企业的发展有没有产生明显的影响或者帮助？

W：要辩证地看待。个人看法：第一，成都市政府做的这件事本身是有价值的，它体现在成都是全国统筹城乡综合配套改革试验区。从整个社会治理角度来看，一个副省级城市做这件事本身的政治意义和象征意义远大于其实际意义。为什么四川成都率先在全国做这件事情？除了政府理念外，还和两次大的地震有关，四川的地方政府对社会组织的认可程度和重视程度远远超过其他地方。相比过去十年的整个社会组织发展与培育，确实需要有一个“2.0”的转换，原来是引导社会组织参与救援重建，升级以后是参与社会治理。它的意义从宏观来讲，上升到了体现国家社会治理现代化的能力，体现了在互联网时代社会治理体系里思维模式发生的变化。

第二，从单个社会组织培育孵化领域来讲，政策导向的作用非常明显。具体政策对中和农道的价值有以下几个方面：一是身份的认可，证明中和农道是社会企业。在没有得到成都市政府认证之前，只能证明我们的投资人是扶贫基金会。因为扶贫基金会是非营利组织，所以我们就是非营利组织。但是，很多人不这么认为，直到2019年底，政府认证中和农道就是社会企业，我就不需要做太多解释了。二是有了这个身份认证以后，在具体的业务上面会起到一些直接和间接的作用。直接作用就是在产品流通环节减少了麻烦。

因为我们是为农民扶贫的，所以我们与合作社（产品供应商）签订的购销协议中的毛利是非常低的，有时候还亏钱把东西卖掉，把大部分利润让给农民。但是在税务稽查的时候，税务部门会认为我们不符合商业规律，通过身份认证后，在税收和业务方面少了很多不必要的麻烦。间接作用就是促进业务开展。地方政府是我们很大的合作伙伴，政府认可这套理念，每年以购买服务的方式拿出一百万元到几百万元不等的资金给团队，邀请中和农道用这套理念、思路和模式帮助这个地方做农产品的产业化和产业扶贫。我们以社会企业的身份与政府合作，政府会觉得很好，所以在和政府的业务合作上会有一定的促进作用。

成都地方政府之前和我们谈道："中和农道'根红苗正'，不会像一般社会企业那样出现资金困难或团队偏离初衷，因为毕竟扶贫基金会这个机构就在这里摆着嘛。"所以，政府想把我们做成典型。其实，在 2018 年的认证排名上，我们是排在第一名的。尽管大家认为这个认证不分先后，但还是有一些加持、背书在里面的。政府也希望在很多场合提到我们，但是上次领导和我谈话的时候，我讲了一个观点："说一句比较容易得罪你们的话，不是特别必要，就不要往前抬我们。我的精力是专心把公司做好，把市场竞争力培育起来，把客户服务好。我没有精力陪着政府做很多事情，如果需要我的时候可以去做，但不能影响公司正常经营。"这是我的第一个观点。在一次社会企业家交流会上，在场有十几家社会企业的创始人，包括总经理。当时我讲了第二个观点，可能有一些人也不爱听，我说："建议大家把精力放在应该做的事情上，不要老办些评奖之类的活动，没有意义。三年之后，这批社会企业的 80% 极有可能死亡，就是因为你的重心偏了。为什么会成立这些机构？目的是解决社会问题，而不是拿这些活动的奖金和补贴。"

9. C：您觉得政府在社会企业发展过程中应该扮演怎样的角色？

W：这个同我们与政府合作的观点是一样的，有三个角色：一是统筹，二是服务，三是监管。

10. C：我们想了解一下善品公社的商业模式，包括具体的市场运行方式、价值链、产业链，以及独特的价值主张等。

W：善品公社的整个运行模式与苹果公司有些类似。全世界的商业模式分为 12 个等级。最基层的商业模式，如开饭店，买进卖出，从商业模式层次上讲是比较低端的；最高级的是苹果公司的模式，其核心是做品牌标准。苹果公司在全球的供应商有 2000 多家，分布在全球 100 多个国家和地区。比如芯片，很多人认为苹果手机的核心竞争力是它的芯片。实际上，它是有标准的——符合苹果芯片标准的供应商才可以与它合作，符合手机壳制作标准的供应商才可以与它合作，其他零部件也一样，需要选择符合标准的供应商合作。所以，苹果公司品牌品质的高低取决于其标准的高低。

对于善品公社模式的研究，我们之前是走过弯路的。原来是倒买倒卖，这里有什么我就卖什么，结果发现没用。为什么没用呢？第一，如果你对产品的品质没有把关，那么出了问题你的流量越大、推广越大，出的问题就越大，“死”得就越快。第二，当你做了那么多品类时，你的供应链是扛不住的，农产品市场化最关键的是供应链能力和利益分配问题。第三，东西卖给谁？你可能说开淘宝店等，但是淘宝店等网上销售的风口期早就过了。如果不掌握海量的流量，那么很难建立品牌，所以这盘棋不靠谱。另外，我们也讨论过，扶贫基金会每年筹集那么多款项，有很多人愿意白给我们那么多钱，现在土地流转也很火，那么能不能拿 5000 万元去买断 5000 亩地周转起来？后来我们发现这件事风险太大，扶贫基金会没有能力把 5000 亩地流转之后又干得很好，所以这个想法也不靠谱。

经过讨论，我们最终觉得应该做品牌标准。比如，做猕猴桃的品牌，我就把市场上最受欢迎的猕猴桃品牌标准找出来。如红心猕猴桃，全世界的猕猴桃分为红心、黄心和绿心三种。红心猕猴桃在四川，四川雅安就是主要产区之一。比如评估标准是 100 分，假设雅安目前只有 60 分，我就会把标准告诉你，如何从 60 分做到 100 分，我来帮助你，这就叫作“生产赋能”。只要你达到100分了，就授权贴牌使用“善品公社”的商标。只要你被授权使用“善品公社”的商标，就能进入我们整合的优质渠道进行销售。如果我颁布的这个标准，阿里巴巴、沃尔玛、百果园等都认可，那么这里面就有一个商业逻辑：第一个假设，只要渠道商达标且认可这个标准，并愿意合作，善品公社就可将其纳入渠道商合作网络。第二个假设，我的供应商（合作社、农民）只要达到标准，就让他进来。这里面有一个关键的利益杠杆，只要达到这个标准，就能够以高于市场平均价一定的百分比收购。这里面有一个关键点，农民为什么一直不愿意提高产品品质？他们不是没有能力生产好产品，而是没有足够的能力和机会把好产品卖出好价钱，那么我来帮他们做这件事情。

所以善品公社的商业模式总结为一句话就是：信任农业品牌的集中授权管理。我们做的是“信任农业品牌”。用我们经常举的一个例子：你觉得哪个地方的苹果好吃？你可能回答，陕西的、山东的或者阿克苏的苹果好吃；你觉得哪个品种的苹果好吃？可能你也知道，红富士、嘎啦等。但是我问哪个品牌的苹果好吃？估计你就不知道了，中国没有这样的品牌。但是如果我问全世界哪个品牌的猕猴桃好吃？你可能知道新西兰的佳沛（Zespri）。因此，善品公社的终极目标就是想做一个新型农业品牌的集中授权管理。善品公社授权符合标准的合作社作为善品公社的供应商；授权符合标准的物流合作伙伴（如顺丰）作为善品公社的授权供应链服务商；比如沃尔玛、阿里巴巴等平台，如果愿意从善品公社采购农产品，那么会授权他们为善品公社的销售平台；等等。

之前有很多人问过我一个问题：“你们这个和褚老的褚橙有什么不一样？”实际上是有很大差别的。褚橙系统的核心价值有两个：一是应用一套准工业化的、流水线的理念和思路运作整个农业产业链；二是在2010—2012年，其是中国进入移动互联网时代的第一批，也是第一个，更是到目前为止唯一的用整合营销的方式将农产品品牌做得特别精良的成功案例，它开启了先河，从原来的“卖农产品”变成“卖品牌农产品”，这是一个非常大的变化。但有欠缺的是，褚老一开始的几千亩地，是他花了几千万元流转过来的，流转问题他可以解决，中国那么多农民能不能有足够的资金和资本完成土地流转？当然没有。所以我们要考虑的问题是：如何找一个合适的模式，适合绝大部分农村和农民，能够复制推广。从这个意义上来讲，善品公社未来的发展前景很大。

11. C：在您讲的这几个环节中，关键的受益方有哪些？

W：这里面的关键受益方有三个，这关系到"中和农道的商业价值是满足谁的需求"的问题。一是满足农民的需求。产量高的时候，其产值可能下降；产量低的时候，那就更不行了。所以需要解决的问题是农民如何提高品质生产能力和商品变现能力，这是满足农民的需求。农民从原来注重量而不注重质，到后来注重销售而不注重品牌、产品溢价等。二是满足地方政府的需求。政府手里有最大的资源调配权，但是当你问："县长，这个农产品到底怎么卖？"他搞不清楚。因此需要有一个专业的第三方帮助地方的特色农业产业升级。关于农业产业升级，国家提了好多年，但仍然处于探索阶段。三是满足销售商、零售商、渠道商的需求。我们不直接满足消费者的需求。比如阿里巴巴、沃尔玛、百果园等平台，它们有巨大的流量，但是缺少非常优质的产品供应商。虽然阿里巴巴有很多钱和流量，但不一定能找到非常靠谱的产品供应商，其核心是建立商业体系，但不擅长和农民、政府打交道。所有卖农产品的人都缺少一个"好"的农产品供应商，这个"好"有三个含义：其一，品质很稳定；其二，供应很稳定；其三，服务很稳定。这样这三个关键相关方就串起来了。我们采用的策略就是做品牌。我们认为，中国农业核心的问题就是品牌问题，但中国"三农"的核心问题是利益分配。

12. C：请您用非常简短的话来总结一下贵公司的社会目标。

W：公司的使命就是"让诚信生产实现价值"，即让农民的诚信生产通过循环实现价值。愿景是"耕者有尊严，食者得健康"。耕者有尊严，即种地的人通过诚信劳动生产好的产品，被市场认可，有尊严地脱贫；食者得健康，即消费者基于对品牌的信任，愿意付出合理的价格购买好东西，在消费的同时得到了健康。我们服务的两大群体就是亿万农民和亿万消费者，通过品牌的建立和培育标准的执行，在消费者和农民之间建立信任。品牌的建立需要一套非常好的标准体系，这个标准体系一定是可以执行下去的。中国农产品不是没有标准，而是执行不下去。

13. C：贵公司在促进农民提升农产品品质方面具体做了哪些工作?

W：原来我们做的事是“从生产端导向市场端”，后来发现作用有限，变成“从市场端倒逼生产端”。原来我们从生产端做起，给农民开会进行动员，开展各种培训，强调食品安全多么重要，采取各种方式组织生产，希望他们能生产好产品。农民说：“生产好东西可以，但是你能帮我把东西卖出去吗？”我们说：“对不起，不一定！”然后农民非常地不认可，完全没有积极性。政府原来也是这样的，投入很多钱对农民进行培训，如授粉、修枝、不使用农药等，希望改进农民的生产理念。农民可以按照培训要求做，但是要求政府发放资金补贴，所以之前很大一部分农业补贴是用来降低农民生产成本的，希望农民建立新的生产理念，其实没有发挥多大的作用。

当我们发现农业补贴作用有限以后，就开始从市场端入手，用商品标准倒逼生产理念。比如橘子，我们在雅安做的是偏酸的黄果柑。原来农民卖的价格是每斤 1.2 ～ 1.5 元，前提是经销商将一棵树上面的果全部拿走，而直径 55 毫米以上的都被消费者买走了，全县 99% 的橘子都是通过批发销售出去。而我们到了之后，把橘子分为 A、B、C、D、E 五档，比如：65 ～ 75 毫米、糖度 12 度以上的是一级果，每斤 3 元；65 ～ 75 毫米、糖度 11 度的是二级果，每斤 2.8 元；以此类推。而 65 毫米以下、糖度 10 度以下的果子，我们不要了，白给也不要了。这个事实本身就会让农民产生一种意识——不是好产品就卖不出去！这时农民就会有动力，会主动一起商量怎样提高“优果率”[①]。事实证明，教育农民需要用市场导入，让经济产生作用。

14. C：从市场端倒逼之后有没有相应的技术支持？

W：有。我们转换方式之后，制定了商品标准。商品标准对农民来说就是“分级定价，优质优价”。农民在这个过程中明显能力不足，不懂如何将水果甜度从 10 度种到 12 度以上、从小果种到大果等问题。所以，我们就请人来培训，但不是请我们的人，因为农民不认可。我们请两类人来培训：一是县农业局的技术特派员，他们擅长做这件事；二是请村里种果树种得最好的老大爷。这两类人讲话最有作用，第一类代表官方做技术服务，第二类代表“土专家”，农民需要的其实就是简单、有效的技术。

15. C：你们的倒逼机制和技术扶持是同步进行的吗？

W：是同步进行的。

16. C：贵公司在发展过程中如何处理社会目标与经济目标的关系？

W：原来纠结过这个问题。如果过多或过早考虑农民的价值和利益，市场不买单，那么企业就运转不起来。所以要考虑市场的利益，如我们与阿里巴巴等平台合作，这个价格就不能超过 8 元一斤，农民会说：“你这个搞扶贫的，必须给我 7.5 元一斤。”加上物流和包装，最后可能需要 8.5 元一斤。这样我们就会亏钱，除非扶贫基金会愿意亏钱或政府来补贴。以前我们做过这样的事，后来发现中国很多农业产业之所以有问题，就是由非正常补贴导致的。由于产品市场能力不足，我们合作后导致成本外部化，成本越外部化，结果越差，就造成恶性循环。我们讨论后达成一个基本共识：应该约定结果，不应该限制过程，只要我的结果是扶贫、解决“三农”问题，你就不要在乎我过程当中用的是 A 方法、B 方法，还是 C 方法。从商业经验来讲，能够达

---

① 优果率：质量好的果实占总量的比率。

到目标的方法都是好方法，但是我们有两条底线不能突破，就是上限和下限。上限是不要违法，下限是不要违背使命和愿景，中间这个过程不要有过多干预。我们的合作伙伴说："和你合作可以不赚很多钱，但不能不赚钱，更不能亏钱。"如果一直亏损，那么合作一次可以，谁还会和你合作第二次、第三次？

公司即将有一轮重大改革，改革之后会系统地修正整个企业的很多东西。事实上我们还是把社会目标放前面，在当前这个阶段，我们的社会目标就是保护农民，在这个基础上再考虑收益和可持续发展。

17. C：社会目标是体现在更多地让利给农民，还是以别的方式保护农民？

W：我觉得不是"让利"，而是把优质、优价的逻辑假设变现。比如，农民卖猕猴桃，市场价是 7 元一斤，我们可能给农民 7.2 元一斤，产量多了这个金额就比较可观了。"让利"是我本来可以赚这么多钱，然后分一部分给农民，这不一样。

18. C：企业对产品品质的要求提高了，农民的投入会不会增加？

W：不会增加。农民的逻辑和我们预想的不一样。农民的想法是：只要把市场标准和预期利益假设摆在他面前，他就有足够的办法降低成本。比如不允许用除草剂这个规定，我们可能认为他会雇用更多的人去拔草，进而提高成本，但实际上不会。农民会想尽各种办法降低成本，比如动员他的孩子、孩子的同学利用假期帮忙除草，这样不需要给孩子及孩子的同学支付劳务费，只需花很少的钱买些糖果之类的零食就可以解决问题。这是第一种办法，通过经济刺激提高农民的积极性。

第二种办法，通过合作社机制，集中购买农资物品，降低农业投入成本。农业的投入成本主要有化肥、农药、劳动力三部分。因为农民本身不直接做评估改良工作，所以在自己投工投劳的时候是不折算成本的。农药、化肥由合作社统一采购、团购，可以降低很多成本，如果团购量大的话，可以节省

40% 的成本。此外，农民的就地务工方面，比如猕猴桃的包装，一件 1.5 元，如果每个季度销售 40 万件，就会产生 60 万元的务工收入。务工收入由我们支付，这是我们的组货成本，可以增加农民的收入；而传统的线下批发市场不会产生这种经济行为，所以农民没有这样的增加收入的机会。业务形态的变化导致农民就地务工收入的产生。总而言之，由销售溢价、生产成本下降和就地务工构成农民一年收入变化的组成部分。

19. C：如何保证贵公司商业模式的正常运转?

W：公司运转如果完全是正循环的，则需要具备以下三个条件：第一，整个产业链的运作效率，包括农民的职业化生产能力需要提高。比如，原来一亩地生产 1000 斤优质果子，需要投入 8 个人工；通过培训等途径，农民变得专业化，只需要投入 6 个人工。投入人工的多少直接影响成本的高低，这是农民的环节。同时，我的同事每人只能负责 1 个项目，而我要负责 5 个项目，那么我和他们的成本分摊就不一样。所以公司的运转需要产业链及相关方的整体运作能力和专业能力同时提高。第二，中和农道的品牌——“善品公社”一定要有足够大的公信力和影响力。只有提升了品牌公信力，我们在农产品的销售环节才有议价的可能性。比如褚橙，虽然甜度不稳定，但是它就能卖 15 元左右一斤。中国绝大部分橘子，比如广西砂糖橘，才卖 5 元左右一斤，甚至还有卖不出去的时候。所以品牌公信力是一个关键因素。第三，地方政府不能干预太多。所以地方政府在这个过程中不要简单粗暴地干预正常的市场规律，要遵循农业发展规律和地方实际情况，支持企业遵循市场秩序和市场规律。总而言之，影响公司运转的三个因素：一是农民的专业能力，二是品牌的成长能力，三是政府的干预程度。

20. C：贵公司的定价策略是什么？整个产业链中关键的利润环节在哪里?

W：中和农道的收入主要分为两部分：一部分是农产品销售，另一部分是政府购买服务。换句话说，我们输出两个东西：一个是产品，另一个是服务。原来在农产品销售环节，我们采用的是购销关系，一手采购、一手卖出。粟威[1]来了以后，我们做了一些调整，有些已经实现，有些正在实现中。一方面，在生产环节我们不再采用购销差价的方式，而是直接采用品牌授权使用费提取的方式。比如成交价格 100 万元，按照成交价格的 5% 收取品牌授权使用费，即 5 万元，这使整个企业的资金运作、运营成本等各方面的健康度都有所提升。另一方面，政府购买服务，这个相对简单很多。雅安现在有三个县与我们有合作，每年有 100 万～ 200 万元的政府购买服务。还有几个大的项目在谈，资金规模不大。

农产品流动定价策略方面没有那么专业和高深，就是总成本加基本劳动力，一方面是成本，另一方面是零售价或者渠道价，进而计算中间毛利。我们有一个基本的毛利预计底线，但是这个底线一直在突破。我们一开始想要达到 10% 以上，但实际上做不到。根本的原因有两个：一个是由模式决定的。我们的上游是农民，不可能像一般商业公司一样去压农民的价格，这是由我们的使命和愿景决定的。另一个是中和农道原本在某种程度上属于二级或三级批发商。在农产品的流通利润中，一级批发商和零售商分到的利润是最高的，中间二级、三级、四级、五级批发商加在一起，毛利率在 20% ~ 30%，谁的效率高谁就多分一点。农民其实赚的不多，消费者议价能力也不强，因为你买不到货源。我们曾做过价值链分析，比如橘子，地头价格 1.5 元一斤，辽宁零售价 8.5 元一斤，零售商一斤能赚 1 元左右，一级批发商赚 0.3 ~ 0.5 元。做农产品谁是稳赚不赔的呢？做物流、包装、仓储的，稳赚不赔；做销售和批发的，弄好了就赚钱，弄不好就亏钱。

21. C：和贵公司做同样事情的公司多吗？

W：全国有很多，农业企业都算在内，包括阿里巴巴、百果园、联想、恒大等主流的企业。

---

① 粟威：四川中和农道财务总监。

22. C：这个领域竞争激烈吗？

W：这个问题引出另一个问题：中和农道有没有核心竞争力？如果有，是什么？我们自认为有核心竞争力，但心里有点虚，原因有两点：一是初心。我们确实是为农民服务的，你们可以来看我们的财务报表，我们可以将财务公开。如果有那么一天，中和农道不再为农民服务了，那么今天免费支持我们的 80% ～ 90% 的合作伙伴都会跑，因为在中国成千上万家公司里面，不缺想赚农民钱的企业，这是根本原因。二是资源整合的优势。我们的投资人是扶贫基金会，它具有很强大的力量。利用扶贫基金会的牌子可以帮我们做很多事情，我们的办公物资都是捐的。当然，扶贫基金会帮助我们主要还是因为我们的初心，所以我们才能依托扶贫基金会优质的品牌公信力，整合合作伙伴的资源。我们获得的资源几乎是免费的，或是以很低的成本获得的。比如明星代言、流量等，这些优势一般商业企业无法获得。所以，我们的核心竞争力主要还是价值观。

23. C：公司的资金来源有多少是自己造血完成的，有多少依靠捐赠？

W：2015 年 1 月 29 日，公司注册的启动资金是扶贫基金会拨给的 100 万元，后来追加到 180 万元，四川中和农道的注册资金是 100 万元。除扶贫基金会原始的股权投资资金外，就是公益捐赠资金。第一笔公益捐赠资金是苹果公司的 110 万美元，指定用于团队的运营经费，包括工资等方面都是苹果公司支持的。后来摩根大通捐赠了 460 万元人民币，第一次 150 万元，第二次 310 万元，其中大部分用于支持运营费，包括工资、管理费用、市场运营推广费用。到 2018 年下半年，扶贫基金会公益资金没有再向公司注入了，因为扶贫基金会也意识到一直拿钱托底的话，公司的市场能力不一定能这么快起来。从中长期发展来看，我们必须具备市场化能力，也就是所谓的“断奶”。现在客观来讲，除了库存以外，农产品服务加上政府购买服务基本能够维持收支平衡，可以很好地维持公司发展。

我们有一个战略性判断：2020 年以后，中国地方政府会有更多的资金用于购买第三方专业服务。雅安市宁山区产茶叶和猕猴桃，该区每年“大三农”的资金量是 5.6 亿元，而且这只是一个县。我们上次和该县的县委书记谈道：“你从 5.6 亿元中拿出 500 万元给中和农道，我们可以给你办的事情比你花 1000 万元或 2000 万元还要多。”比如，雅安市每年用于推销茶叶的广告费用是 2000 万元，主要用于在央视打广告、做广告路牌等。如果想线上打品牌的话，建议从抖音上请 5 个有 2000 万粉丝的明星给你打一遍广告就够了。正常情况下请 5 个明星的花费还是很高的，但我们请就不一样了，成本比较低，只需要解决路费和食宿问题基本就够了，同时效果会更好。所以，如果地方政府和我们合作，政府会节约更多的资金。

24. C：请您介绍一下贵公司的管理层。

W：公司的董事长刘永奎，扶贫基金会的副会长兼秘书长，公司的法人。总经理是我，财务负责人是粟威。公司目前有三个部门：运营部、品牌部和综合部。总部为了监督我们在运行中不偏离初心，派了丁副秘书长代表扶贫基金会参与管理，相当于公司总经办人员，在大方向、重大的资金使用上一起参与管理。

25. C：贵公司正式的员工有多少人?

W：签约的员工有 17 个人，近期会有一次重大调整。

26. C：请您谈谈贵公司的组织结构。

W：我们的组织结构没有那么复杂，就是在风险可控的基础上，尽量简单有效。还有一个原则是保障核心成员不变化。中和农道从 2015 年成立到现在，中间走了很多人，走的人比留在这里的人多很多。原因有很多，如管理体制、价值观的问题。很多人觉得进入这个团队有时候感觉像政府单位，有时候感觉像商业组织，有时候又像公益组织，因为扶贫基金会原来是国务院扶贫办直属的事业单位，后来脱离出来变成一个公益组织，而我们是这个公益组织孵化出来的公司。价值观对于一部分从业者还是有一定影响的。中和农道在不断探索的过程中经历了很多问题和挑战，如管理经验问题、分工问题、磨合问题等。

27. C：贵公司的人员流动率很大，您能具体分析一下背后的原因吗？

W：有四个原因：一是工作场地问题。之前第一批员工要到雅安住，而招聘的员工都是成都的，因为距离太远就逐渐离开了。同时需要经常出差，我原来一年大部分时间都在出差，一些员工受不了总是出差。二是公司的管理、业务以及价值观没有定型，与一般企业相比，对员工的综合能力要求极高。比如，你擅长和政府打交道，今天你要和政府打交道，但明天又要和农民打交道，有时候还需要和平台打交道，这就比较困难。最后可以胜任的人留了下来，胜任不了的就离开了，所以这对员工本身的胜任能力和安全感是有冲击的。三是要反思，扶贫基金会的管理体制对公司的正常运行在某种程度上还是有一定影响的。比如公司策划的所有协议，必须经过扶贫基金会的审核，正常情况下的商业公司可能是今天收到协议，明天就要反馈给对方；但扶贫基金会有一套流程，需要三五天时间，制约了决策效率，包括采购等也是如此。在特定的机构背景下，整个经营的灵活性和授权空间可松可紧，这是一个边际磨合的过程。受机构性质的影响，扶贫基金会不允许公司出现任何的经营风险。一旦中和农道出现了经营风险，可能会直接连累到扶贫基金会，公益组织其实很脆弱。四是从我个人的角度来讲，我是善品公社一号员工，公司所有的人都是我招进来的，也看着他们中的很多人离开。我们最开始也没有带过队伍，一直待在公益组织里面，所以团队管理理念及思维方式也有很多问题，一部分人员离开也和我们的管理风格有关。到目前为止，我们一直强调创始人团队的稳定性。在这 17 个人的团队里面，过去在雅安工作、睡过地铺的只有 4 个人——我、粟威，另外两个人在运营部。从某种程度来讲，这 4 个人奠定了这个公司的基础，我们对公司的感情不是一般的商业团队可以代替的，即使有新来的能力很强的团队，也不一定有这样的价值观。总体来讲，以上四个原因导致了公司人员流动率较高，但值得欣慰的是，团队的核心骨干是稳定的。

28. C：您刚才说价值观非常重要，决定了你们的初心。那么，在公司运营的过程中，有没有刻意给员工灌输你们的价值观?

W：价值观是第一位的。判断一件事情，按照有效和无效来讲，我觉得既有，也没有。“没有”是指我们没有刻意强调要怎么样；“有”是指我们平时做的事情本身就体现了我们的价值观。比如，我们和合作社谈价格的时候，一定是把农民的利益放在重要的位置上的。我们要维护合作伙伴，因为合作伙伴赚了，就是我们赚了。我们的队伍会认真践行我们的价值观。

29. C：您如何评价贵公司的社会贡献?

W：我们目前正在和四川社科院的原副院长，中央农办、农业农村部特聘的专家团队一起做善品公社价值模型的课题。善品公社是否有价值，主要从三个维度进行判断：第一个维度是善品公社与政府及合作伙伴的合作在多大程度上突破、推动了机制和制度创新。机制创新的合作主要有三个方面：一是与政府的合作，二是与社区的合作，三是与合作伙伴的合作。

我们与政府合作的一个重大变化是原来很多事情由政府来做，现在政府以购买服务的方式委托我们来做。在委托的过程中，一方面我们建立了非常平等的沟通机制，所有的关键沟通，县委书记或县长、市委书记或市长必须参会，通过开会传递信息与理念。很多时候政府的理念也是需要引导的，因为这个时代在变。另一方面，资源投入的机制也需要变化。我们建立了资源投入的合作机制，帮助政府优化资源配置。

另外，与社区的合作机制主要指两个方面：一方面，善品公社在条件成熟的时候会对合作社进行股权投资，派我们的人到合作社兼任理事，合作社的核心成员进入我们的公司，这个过程本身也是机制创新。中国很少有真正的企业对合作社做股权投资，这个太复杂了。另一方面就是合作伙伴，我们与合作伙伴不是为了做线上的推广或者需要流量，而是要共同推动这个地方的产业发展。在这个过程中，还有一种情况，善品公社的模型成为政府主流“三农”文件内容的重要经验来源。比如，雅安市石棉县有242家合作社资源，一年孵化合作社的资金是2000万元，县长希望把这2000万元给我们，让我们用3年时间帮政府培育20家真正靠谱的合作社，足以把当地的产业带动起来。

第二个维度就是推动这个地方农业产业链的提升。农业产业链分为上游、中游、下游三段。上游的核心就是对合作社的培育。因为我们认为，中国农业要发展起来，农民的组织化是关键，一定要教会农民如何去合作。判断合作社是否能孵化培育成功有四个指标：一是抱团合作能力是否提升，包括决策机制、财务分配是否公开等；二是生产品质是否有所提高，判断标准只有一项指标——优果率；三是市场连接能力，即业务是否能持续，农民一年能赚多少钱，分红是多少；四是社区服务能力，即上游的产业链。中游是供应链，包括物流、包装等。比如，我们的供应链合作方是顺丰，我们企业去的地方，顺丰的供应链也会跟进。一般情况下，如果这个地方的产业没有形成规模，招商引资时顺丰是不会去的，但是我们把它带过去了。顺丰去哪个地方，它的整个供应链能力都会跟进，进而系统地改造这个地方的农业供应链管理能力。下游指品牌。

第三个维度就是人才培养。我们认为，脱贫攻坚和乡村振兴的前提是对人才的培养。但是政府官员和很多行业组织恰恰对人才培养的关注不够，我们说的人才培养一定是本土培养团队。政府领导天天问我们：“你们什么时候离开？”我们说：“当你们不需要我们的时候，我们就离开。”本土团队指的是三类人：一是管理人才，专指市、县、乡政府官员；二是经营人才，专指这个地方的产业发展带头人，可能是合作社理事长，可能是某个农业公司的老总，可能是农场主等；三是技术人才，搞基地、搞生产的最好的“土专家”。

30. C：公司在发展过程中遇到的最大的困难是什么?

W：一是管理问题，管理的体制、机制、效率、授权空间等；二是团队问题，团队组建很难，我们的队伍中需要的是情怀和能力高度匹配而且还很稳定的人。之前来过能力很强的人，干了一段时间后发现其情怀不够，价值观不太认同；也有一些人有足够的情怀，但能力不足。对社会企业来讲，以上两个问题比较关键。还有一个具体的困难，有时我们的现金流也很紧张，最惨的时候账上只有 2000 元。但是综合来看，社会企业在初创期最难的还是价值观的定位问题。

31. C：目前公司仍处于初创期吗?

W：对。目前的善品公社还处于创业阶段，因为我们还没有进入大规模的发展阶段。从商业方面来看，我们还没有把第一批真正意义上的根据地“做透”。“做透”的意思就是上游、中游、下游、与政府的合作等八个方面都很成熟。到第二阶段的关键指标就是“双百万战略”：我们上游服务的农民是否达到百万量级？服务的终端消费者是否达到百万量级？因为两个百万的量级是质变的发展，如果一年能服务 100 万个消费者，一年消费的农产品按照 1200 元钱计算，那么金额就是上亿元了。

32. C：公司发展至今，您觉得积累到的最重要的经验是什么，或者您觉得取得的比较欣慰的成绩在哪里?

W：这个需要排顺序。首先最重要的就是我们的基础精英管理团队基本成型且稳定；其次是善品公社的员工得到了接触的绝大部分人员的高度认可、赞赏，善品公社品牌的市场认可度、接受度基本建立起来。我们的知名度和认可度基本来自政府、合作社，以及与我们合作的平台、商业合作伙伴，包括公益捐赠合作伙伴。

33. C：您觉得社会企业实现可持续发展的关键是什么?

W：所谓的可持续，第一，我觉得是人的可持续，拥有价值观高度吻合的团队是公司实现可持续发展的关键之一。前段时间，有其他企业的人来“挖”我和粟威，虽然他们开的待遇条件比我们这里高很多，但是我们思考了之后，还是决定不去。其实经常有单位来“挖”我们团队的成员，并且待遇比现在至少高一倍，但是大家都没有去。这是因为价值观问题，所以团队中价值观、情怀、能力高度匹配的这些人是否可持续、是否稳定，这是企业是否可持续的关键。

第二，业务的可持续，主要还是考验价值观以及价值观基础之上的专业运营能力，是否能持续地帮助政府分忧解难，拿了钱是否能把事情做好，是否能帮合作社和农民把好东西生产出来，而且还能卖出更高的价格，最后是否能让消费者和平台合作伙伴看到价值，无论是公益价值还是商业回报。所以，可持续发展的第二个核心是业务是否能通过有效的管理和运营，让与你合作的关键相关方的价值回报不减少。总体来说，可持续发展的关键是团队和业务。

34. C：是否可以理解为“人的可持续决定了社会目标的可持续性”？

W：是的，也在很大程度上决定了经济目标的可持续性。

35. C：您认为什么样的社会企业才是好的社会企业，可以从哪些方面进行评价?

W：其实我在 3 年前提过一个观点，判断我们的合作社好不好，可以通过一个三角模型（见图 8–3）去看。农村合作社在某种程度上就是一家社会企业，既有服务农民的功能，又有商业经营的需求。对社会企业的评价，我一直觉得人是核心。三角形上面是团队，然后是三角形的两翼：左边是业务，右边是机制。 三个角的任何一个角变好或变坏都会影响其他两个角。三个角是环环相扣、相互影响、相互制约的。评价社会企业可以参考这三个大方向：评价团队的指标就是稳定性；业务通过农民交易量、政府购买等指标测量；机制包括管理制度、风控、透明度、信息披露等。

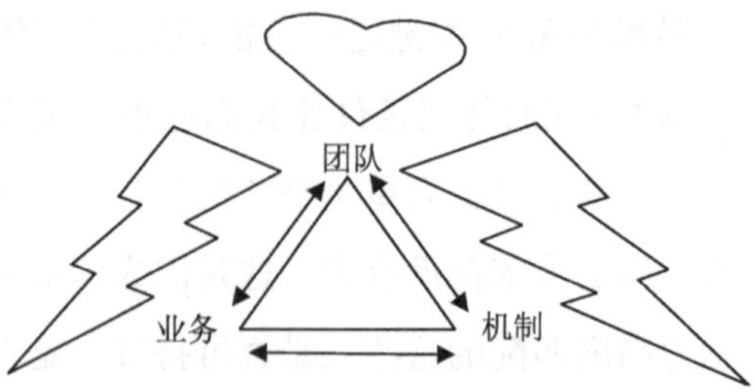

图 8-3　社会企业发展评价三要素

资料来源：笔者根据受访内容绘制。

36. C：您认为什么样的企业是社会企业？您可以给社会企业下个定义吗？

W：我记得在 2010 年 12 月 24 日参加一个会议，第一次听到了“社会企业”这个词，当时潘基文在大会上做视频致辞，就用了“social enterprise”这两个单词。2011 年 5 月 26 日至 28 日，我参加了英国大使馆文化教育处在南京的一个培训，也听到很多人说：“社会企业就是用商业创新的手段来解决社会问题的企业。”我觉得太绕了，我们做的事情没有那么复杂。

我个人的观点：首先，我不会有意区分它是商业企业还是社会企业，这个事虽然有学术探讨意义，但是没有太多实际价值。你不能简单地以分红这个环节来划分，国外有些地方将公司利润的 30% 进行捐赠的企业认定为社会企业。这个问题我们也讨论过，善品公社未来赚的钱可能都会捐给扶贫基金会，不能给股东分红。别人又会质疑我们，扶贫基金会本来就是善品公社的股东，这个事情就不好说了。所以，我不认为区分社会企业与商业企业有什么实际价值，我也不在意自己是社会企业、商业企业，还是公益组织。

其次，如果一定要给社会企业进行定义，我觉得分为三个方面：第一，具有社会企业家。需要一批具有社会企业家精神的人，用创新的思路、模式、手段等来解决社会问题。社会企业家不同于商业企业家，他们有自己的标签，在生产经营中有自己的情怀和需要遵循的原则。第二，以创新的方式促进社会问题的解决或解决社会问题。因为随着时代的发展，很多东西都在发生变化，所以需要创新，社会企业要时刻关注下一个风口在哪里。为什么社会企业可以看到商业企业看不到的东西，这是由社会企业家精神、社会企业家标签决定的。比如马云，他解决的社会问题是让天下没有难做的生意。我们做的其实是解决产业扶贫和食品安全问题。第三，政府对社会企业的认定。政府认定的目的不是为社会企业带来优惠或好处，而是从法律的角度为社会企业的愿景和使命提供依据和底线。比如，善品公社被认定为社会企业以后，本来不想和我们合作的地方政府就会和我们合作了吗？完全没有关系！目前中国法律注册体系没有社会企业这一类，所以建议有政策通道的专家提出相关政策建议。希望在将来注册法人的时候有三个选项：公益组织、商业企业、社会企业，那么这个问题就不会困扰大家了。我特别希望成都用几年的时间探索出一套机制，直接推进中国法人注册法律体系的完善。

37. C：最后，对于社会企业的发展，您有哪些意见或建议？

W：有四点建议：第一，从学术的角度推动社会企业的发展，可能效果会更好一些。政府要为社会企业创造好的营商环境，利用专家研讨、第三方评估与服务机构等促进社会企业的发展。政府尽量少干预社会企业的生产经营，尽量少把社会企业家往前推，不要大会、小会都让社会企业家往前冲，给他们更多的时间去思考企业的经营管理。第二，制定社会企业发展规划。成都市市场监督管理局有专门的部门负责成都社会企业的认定和发展监管，这一点在全国来讲都是比较靠前的，但发展规划的内容、质量等需要提升。第三，改变强行推动社会企业发展的思想。不建议刻意扶持社会企业，建议将“扶持”改为“激励”，以结果为导向，对做得好的、有潜力的社会企业及时给予应有的奖励。奖励既可以是名誉上的，也可以是物质上的。而对于没有能力的社会企业，应遵循优胜劣汰的市场规律，不能只要是社会企业就一定要扶持它活下去，给它创造优惠条件，这样做没有必要。我们这一批认定的社会企业究竟会走向何方？是否都会坚守初心？会发展成什么样子？谁也不知道。第四，成立社会企业商学院。一方面，很多社会企业家缺乏系统的商业知识，光凭情怀和热血效果会很差，这类社会企业家需要接受社会企业经营管理的系统培训；另一方面，做得好的社会企业家可以成为很好的教师、教练，将他们的成功案例、经验总结为模式和标准传授给其他有需要的社会企业家。

四、访谈感悟

（一）关于总经理

中和农道总经理王光远先生，年轻、率真、干练、务实，追求高品质、高效率。起初王总并不愿意接见我们，以为我们是政府派来参观调查企业的。待我们详细解释来意后，王总却知无不言、言无不尽，认真、高质量地配合我们完成了此次访谈，用实际行动表明了他对学者的支持。他说："希望更多的研究者关注社会企业，从学术口子上来推，效果可能更好。"他还表明："政府没事不要老找我，我很忙，有很多事情要做；但当政府需要我时，我一定会全力配合。"这在很大程度上代表了实干型社会企业家的态度：不作秀、不跑偏，专注解决问题与经营企业。

与创始人不同，作为总经理的他是社会企业使命与愿景的维护者、执行者和推进者。他对社会企业有独到的看法，他的"社会企业可持续发展三角模型"形象而具体，既揭示了社会企业良性发展的关键要素，也为政府在社会企业发展中的角色定位提供了中肯的建议。他认为，社会企业应遵循优胜劣汰的自然规律，社会企业是社会问题的解决者而非政府的扶持对象；社会企业首先是企业，要具备市场能力，这是社会企业实现社会目标的基础；一旦社会企业沦为伸手要补贴、动辄要扶持的组织，便成为社会的另一种负担。作为领导者，他对团队成员的要求是：一方面，要高度赞同企业价值观；另一方面，价值观与能力要高度匹配。我们相信，由王总带领的价值观与能力高度匹配的工作团队一定能够杜绝使命漂移事件的发生，将中和农道发展成为更高效地解决社会问题的社会企业。

简言之，王总的言语针砭时弊，发人深思，对本团队关于社会企业的后续研究意义重大。

（二）关于公司

在首批获取认证的社会企业中，用王光远总经理的话来说：“四川中和农道是中国扶贫基金会的‘孙公司’，有着根正苗红的血统。”从企业基因传承角度来看，它一诞生便肩负着“扶贫”的社会责任，这也正是该社会企业所要解决的社会问题：产业扶贫与食品安全。公司秉承“授人以渔”的理念，为区域特色主导农产品进行全产业链赋能，尝试移植苹果公司的商业模式，不做产品，只做标准和品牌授权，以标准倒逼农民生产优质农产品。从该公司的业务内容与产业定位来看，主要贡献是打造高品质品牌，为农民的优质产品提供市场资源。标准的倒逼的确可以产生一部分优质品牌与产品，但是否起到了赋能农民、赋能全产业链的作用？这个问题尚值得商榷。在我们看来，若该公司能够与成都天杰合作可能会取得更好的效果。二者的服务对象均是农民，共同的使命均是“使耕者有尊严、提升食品安全”，却有着不重叠而相连接的业务范畴，一个在价值链的前端，另一个在后端。成都天杰的业务重点在于“如何生产安全的、优质的农产品”，包括从播种到收获的全过程技术服务与农业投入品供应，属于价值链的前端；中和农道的业务重点在于“制定认定标准，告诉消费者什么是优质、安全的农产品，并打造优质品牌”，主要参与的是从农产品到市场，再到消费者手中的过程，标准、品牌、渠道、市场资源激活是中和农道业务链的关键要素，是价值链的后端。然而无论如何，社会企业的加入使农民、农业与食品安全受到了更多的关注，农业农民问题、食品安全问题将在商业向善的环境中逐步得到改善。

第九章　城市之窗：文化创意与居家就业

访谈对象：袁阳，成都城市之窗文化发展有限责任公司创始人

访谈地点："指尖的爱"生活馆（成都温江区寿安镇岷江桂花村，城市之窗项目基地）

访谈时间：2019年8月3日 15：00—18：00

访 谈 者：陈青姣

记 录 者：唐文娟　周宇宁

注：以下文中"C"（陈青姣）表示提问，"Y"（袁阳）表示回答。

一、公司简介

成都城市之窗文化发展有限责任公司（以下简称城市之窗）成立于2006年9月8日，是一家专注文化创意设计和街区规划服务的文化发展公司，拥有"手汇幸福里"品牌专利。公司特色与主要业务：一是量化生产文创手工产品。公司致力将传统文化和现代时尚文化融合开发，用创意设计重塑文创产品手工产业链，吸纳弱势群体参与手工制作，实现手工文创产品量产，通过打造手工产业链实现留守儿童情感守护。二是参与社区文化发展。公司还

致力将文化融入社区的治理与发展中，重塑社区活力，构建和谐美好的社区环境，让文化看得见、摸得着、感受得到，让每位市民从中获得文化自信。2018 年，公司获得四川省成都市首批“社会企业”认证。城市之窗高管和股东信息如表 9–1、表 9–2 所示。

表 9-1　城市之窗高管信息

高管姓名	职位
袁阳	执行董事兼总经理
陈洪强	监事

表 9-2　城市之窗股东信息

股东姓名	认缴出资 / 万元	实缴出资额 / 万元	持股比例 /%
陈洪强	30	30	30
袁阳	70	70	70

二、创始人袁阳简历

图 9-1　城市之窗创始人　袁阳

袁阳，女，1970 年出生，大学毕业，2006 年 9 月至今，城市之窗法人、股东、执行董事兼总经理。

三、访谈内容

图 9-2 访谈场景

1. C：请您谈谈贵公司的起源以及成立时的初心。

Y：公司实际成立时间是 2006 年，成立之后我们主要做规划服务、文化产品的创意和设计等方面的工作。2014 年，一个偶然的机会，我为成都市妇联做创业就业指导顾问，在这个过程中接触到了"居家就业"这一概念，这个概念很好，但是我看了一下手中的产品，觉得太传统了。传统并非不好，但过于传统就与我们的市场衔接不起来。因为我当时是就业顾问，所以提了很多创意方面的建议。当时我就提出这样一个概念：能否使居家就业的产品更丰富、更有设计感。2015 年，在成华区妇联的鼓励和支持下，我们在成华区民政局注册成立了成都成华区幸福里女红编织创意室（以下简称手汇幸福里），用手工关注女性居家就业。对于此，其实我一开始是拒绝的，我觉得做手工是非常难的事情，因为做手工是非常漫长的。我可以选择做家政，因为从商业的角度来看，大家都需要家政，所以只要做得好，就很容易实现盈利，而且不需要那么长时间，只需要规范管理，而一旦成为社会组织就难以实现商业行为。其实国外的社会组织都是政府支持一部分，更多的是由第三方的捐赠来维持它的可持续发展。它可以接受捐钱，比如我是老板，我看好你这个项目，就给你捐 1000 万元，你可以慢慢地去做非营利事业，也会用心去做这件事。而我们当时的情况是只有找到资金来源，才能更好地服务社会。所以我当时想了一下，既然做手工帮扶，那么可持续发展才是硬道理。只有把作品转化成商品，才能实现可持续发展。由于社会组织是非营利机构，我刚好有一个成立于 2006 年的文化公司“城市之窗”，因此我就让城市之窗和社会组织之间签订了一个战略合作协议，由城市之窗转换手汇幸福里的培训成果，销售手工文创产品。

我最早对社会企业的认知源于很多年前看到的一部国外影片，那是关于一个年纪比较大、在社区里面工作的女性的故事。我印象特别深刻，她的工作就是改变社区的一些行为规范、社区环境等。我觉得这个工作很好，要是自己有机会能做这项工作会觉得很有意义。直到 2015 年成立了手汇幸福里，这颗种子就发芽了。由城市之窗来市场化运营手汇幸福里，就可以用商业行为真正地促进公益行动。

手汇幸福里的名字起源——因为当初有条街叫幸福里，所以我们想起名为幸福里，但已经被别人注册了。于是我重新思考，我的目的是要把所有手工都汇聚在一块，“汇”有两个谐音，既是“绘画”的“绘”，也是“汇聚”的“汇”。这个 LOGO 是一只巧手把所有的手工穿在一起，“守护”幸福，然后加上邮戳，代表它可以传递到全世界，像印章一样能够烙印在我们心中。

接下来，我们谈谈“指尖的爱”品牌的诞生。

市妇联每年都有很多关爱弱势群体的活动，一般都叫作“行动”，如“暖冬行动”等，但缺少一个公益品牌。所以我们就提出：能否有一个属于市妇联的公益品牌。于是我们把媒体的朋友请过来，一起头脑风暴，想出了“指尖”这个词，因为是通过指尖来传递公益，所以叫作“指尖的爱”。这个名字提出来以后，我们觉得会火，因为它至少满足了三个方面的需求：爱心捐赠、儿童守护、女性居家就业。当时指尖的爱推出了一个“红围巾行动”，就是捐赠者捐赠东西给编织者，编织者收到东西后就把它编成围巾、帽子和手套，这三件套都是红色的，所以叫“红围巾行动”。这三样东西要给谁呢？给当时的留守家庭，不限于留守儿童，也包括留守老人等其他弱势群体。

现在你们参观的这个场馆，我们称为“指尖的爱生活馆”，是以生活场景来展示手工的实际运用。比如，这个院子里房子的设计特点是采用了“天井”，最大的好处是采光很好。只要有阳光，我们这里每个角落都可以被晒到。天井是中国人非常智慧的一种设计，中午的时候晒到中间，两边的阳光都很充足。

客观来讲，我们的发展速度还是很快的。但是在我看来，还是稍微有点慢，慢是因为基础要打牢。手工一旦转化成商品，面临的就是量产问题。我先花 3 年的时间在全省建立了 28 个手工帮扶基地，然后大量地对百姓进行公益培训，这样就解决了手工无法量产的问题，为后续的市场转化做准备。所以我们这几年在不停地进行培训，这个过程很难，几乎是每建一个基地，过一段时间就“死”一个。

2. C：基地“死掉”的原因是什么呢？

Y：原因主要是百姓等不起、不想等。百姓希望培训后能马上拿到订单，但是拿订单需要开拓市场。这里面有一个矛盾的地方：拿订单需要好的手艺，但好手艺是用时间熬出来的。因为订单不可能等，所以会丢失订单。没有订单，百姓就不愿意继续学习，哪怕是免费的。所以，这些年我们能够有 20 多个基地，实属不易。

3. **C：公司总共建了多少个基地?**

Y：大概有四五十个，建成后活下来的有 28 个。

4. **C：没有存活下来的基地怎么处理？变卖吗?**

Y：解散了，不存在变卖。因为是居家灵活就业，百姓有自主选择的权利。

5. **C：基地产权是归公司还是所属地？另外请您谈谈基地的发展历程。**

Y：基地产权都归所属地，我们不存在产权的说法。

2015 年我就关注了一个点：一个留守儿童跟着妈妈跑，妈妈因为要工作所以狠心地走了，留下一个很无助的背影，深深地触动了我。我觉得企业家必须要带来一些影响，所以当时我提了一个口号：“让爱回家，留住妈妈的爱，用手工产业来关注留守儿童的情感守护。”虽然温江的留守儿童不多，只有 30 多户，但在更偏远的农村，留守儿童问题依然突出。所以我想做的这件事情，被认为情怀多于商业思维。其实我一直想培训的是妈妈们，我觉得年轻妈妈不会当妈妈，由此导致她们的孩子很痛苦。她们也不知道为什么要孩子，所以我在想怎样让妈妈表达爱，很多农村孩子也不会表达。其实，生而为人还是要有情感表达的，我提出“让爱回家”不仅是手工的帮扶，也是希望等我们把产业做大以后，把这个理念根植下去。2015 年我们开展了很多类似的活动去倡导“让爱回家”。在这过程中，我们一直在建基地，思考我们的商务站会在哪里，产品销售怎么样。我们也会和一些成熟的公司合作，在合作过程中，我们得到一些收益，也因为它们（合作伙伴）的关系，我们的手工熊猫开始走出国门，到了德国等很多地方。

2016 年，我们又发现了一个问题：城市里面的家庭问题。所以我们又提出了一个理念：用妈妈的手传递有温度的亲情，用手工产品来连接亲子间的感情。如果我们想用妈妈的手亲自为孩子做一些手工，那么意义就会不一样。我们开发了用钩针做婴儿鞋、绣花襁褓等，可以做布类的、编织类的等。比如襁褓，孩子生下来都需要一个襁褓，它是孩子来到这个世界上的第一个重要物品。我们让妈妈亲自做襁褓，教她们在上面绣上爸爸的名字、妈妈的名字、孩子的名字，然后用这个襁褓去迎接孩子的到来。它最大的意义还在后面——把襁褓保留下来作为孩子 18 岁的成人礼，我们会给它做一个精美的包装，把 18 年里记录孩子每年成长的东西都装在礼盒里面。这个礼物可以伴随孩子一生，无论他们在国内还是国外，妈妈的情感都是最深的。所以我一直想能不能这样做：由市保健院去推动这个事情，然后让人们在社区里面亲手做襁褓，这种有温度的东西最能打动孩子。

我们做的空间构造也是想呈现一个正常的家庭结构，所以我们也比较支持政府的二胎政策。前段时间我脚受伤的事情让我感触很深，我的丈夫、孩子不在身边，只有妈妈在。我摔下楼梯的时候不敢和她说，因为我妈妈年纪很大了，我就只让她帮我拿冰块来敷。后来我哥哥知道了，他马上让大嫂来照顾我。我当时在想："如果只有我一个人在家的话，发生意外应该通过什么方式寻求帮助？科学家能不能发明一种声控的东西，在紧急的时候，我喊一声就能够传递到社区，就有志愿者马上来救我？"我觉得这些都是社会企业应该解决的问题，我也希望社会企业能够关注这些问题。但是怎样用商业行为促进社会活动，而不是完全做概念性的东西，这就是我们为什么在 2016 年提出"用妈妈的爱去传播手工产品"，通过社区活动做手工产品。

有一天，我逛商场时看到了一个小店，里面有很多日常居家用的东西，如茶杯、茶壶等，我觉得价格很便宜，但是当我想去买的时候却停住了。我在想：这样价格的产品是怎么做出来的，它的成本这么低，品质保证在哪里？我也在思考这样的事情，我们的价值还需要去证明。因为我相信，随着生活水平的提高，我们肯定追求高品质的东西。基地的百姓都知道我的要求是什么：原料一定是好的，全都是进口的。我选择进口原料是因为它的缩水率只有 1%，而国内的是 12%。这就是为什么我们现在还在学习，我也看到国际上的手工产品很发达，欧美国家对手工很认可，特别是有一定地位的家庭，用的东西都是有品质的。

2017年，我们的基地也开始多了，然后在过程中我们又发现了问题：百姓的素质、涵养直接关系到我的产品好不好。很多人谈合作的第一反应是“我能得到什么？”如果将思维换成“我能给你什么？”，那就大不一样了。为什么2017年我们提出一个口号“素养之美，手作之爱”？是因为我们觉得素质、涵养直接关系到手工产品有没有爱。素养来源于对色彩的搭配、把握，是原创的基础要素。所以，“手作之爱”除了给他们帮扶的爱之外，还要让他们用心、用爱去做产品，让消费者满意。我们用这个帮扶项目参加了成都市“天府杯”的比赛，获得了市第一名、省第三名的成绩。但是中国在这方面是欠缺的，百姓的素质、涵养在一定程度上限制了他们对产品质量的保证，所以只教会他们技术还不行，未来他们想要原创的话，还需要有美学、素质和涵养基础。我们当时在基地培训百姓做毛毡手机壳的时候，负责人很高兴地告诉我：“袁总，他们用200个产品订单的材料做出了220个！”他们很单纯，以为我会称赞他们，但是了解我的人都知道，我对质量和品质的追求从不打折扣。最后，这一批产品全部被认定为不合格，全部作废，重新来做。

其实，我一直想做一件事，就是中国手工标准的建立。目前，中国手工标准在有些方面有，有些方面没有，很多都是参照日本的手工标准来做。我一直想推动中国手工标准的发展，所以我们就想把产品做实，至于未来能走多远，我还真不知道。

6. C：我参观了贵公司的一些产品，感觉都很有创意，您的创意团队有多少人？

Y：创意团队方面我们选择和高校合作，公司只有4个人参与到创意设计中。这些创意都是我亲自想出来的，未来我们也希望和专业学校、国际院校合作，尽快帮助我们的产品“走出去”。2019年我们就在与国外的设计师合作，原因是他们比我们更了解外国人喜欢什么。现在我们正在和意大利的一个设计师谈合作，不是单纯的合作，而是希望他能帮我们了解和打开国际市场。我们也拿到了熊猫基地对面广场的一个店，作为我们对外的第二个窗口。你们看到的这个体验馆是一个“体验 + 销售”的模式，顾客看中了产品是可以购买的，所以这里的产品是可以变现的。

7. C：城市之窗的盈利情况如何?

Y：目前还在投入阶段，等相应的生态圈建立起来就有可能盈利了。

8. C：手汇幸福里作为社会组织有没有接受捐赠?

Y：我们目前没有接受捐赠。

9. C：请您谈谈成都市政府出台的关于社会企业的政策对城市之窗的影响有哪些?

Y：一是我们在成华区被评定为社会企业之后，会有一定的资金奖励；二是税收减免、房租减免等对企业在初始阶段来说是非常重要的，能够相对减轻企业的开支，作为企业是很感动的。我也提过一些建议：第一，政府应建立一个专项的资金池，以免息、低息的形式将资金借给社会企业，等社会企业有钱了再慢慢还给政府。我们现在基本上是个人在投入资金，我觉得还是有难度的，各方面工作的开展都需要资金支持。我们也希望政府把资金用于扶持真正的社会企业，而不是被想占便宜才去认证社会企业的人套走。第二，资金集中一点。只有资金集中才可以更有效地促进社会企业的发展。

10. C：请谈谈您的社会企业的运营方式。

Y：通过“公益培训 + 社区居民 + 产业发展 + 市场引领”，进行线上、线下全方位的展销。第一，未来我们会建立几个线上、线下的店，线上可能和淘宝、微店等渠道合作，线下依托熊猫广场、体验馆等做产品售卖。所以我们的盈利方式有两种：一是针对公司、集团实行团体购买；二是市场化的正常销售。盈利依靠销售、体验两个方面，体验是手工体验，比如来体验馆亲自体验做熊猫杯垫，这个是收费的。文化交流也是一种盈利模式，让外国人感受到中国传统文化的魅力，我们也可以去体验其他国家的旅游景点，互相交换。总体而言，盈利的四大模块是产品销售、手工体验、文化交流、景点体验。

11. C：在盈利的四大模块中，哪一种占比最大？

Y：产品的销售一定是占比最大的。我们打造了三大产品体系，分别是服装服饰、家居装饰和玩具公仔。服装服饰又分为三种：一是旗袍。这里的旗袍是指我们日常生活中穿的旗袍，穿着旗袍去上班、工作，而不是一定要在固定场合才能穿的旗袍。二是线类针织品，如小孩子的毛衣、鞋子等。三是双面羊绒大衣和玩具公仔类。我们希望开一个手工卖场，类似宜家的规模，把手工产品生活场景化，让大家知道这些产品可以用在哪些方面。

12. C：请问你们的产品是如何定价的？

Y：手工产品的定价主要是由原材料加上手工加工费，再保留一部分利润空间来确定。手工制品时间较长，如果后面要推广出去，价格要更亲民。你们看到的披肩，我们给百姓（手工制作人）的加工费最早是 100 元一件，现在增加到 120 元，之后可能达到 200 元。我们提高加工费是因为想真正让百姓获利，所以我们在市场上的卖价是 699 ～ 999 元。另外一款，它的材质不一样，是纯羊绒的披肩，价格超过 3000 元。大家对 600 多元的手工还是比较容易接受的。

13. C：公司目标客户的定位是高端、低端还是中端？

Y：中端以上。

14. C：线上也是用这个品牌吗？

Y：是的，统一称作“手汇幸福里”。

15. C：设计成本会很高吧？

Y：很高。设计是产品的灵魂，好的产品一定是靠设计取胜的，特别是文创产品的设计更重要。未来我打算每款产品只做一两年，卖完了就不再生产了，会留样作纪念，不断推出新的东西，挑战自己的设计能力。但手工会留一些经典款，如贝壳包，它的销量一直很好，我们一直在做。

16. C：我感觉您的身上有一种别样的气场，所以很想听听您的成长史。

Y：我是在知识分子家庭长大的，我的父亲是设计工程师，小时候是听着父亲熬夜加班的计算器声音入睡的。对我影响比较大的就是父亲工作时的专注，还有父亲送给我的座右铭——持之以恒。妈妈是孝子，对她的妈妈（我的外婆）言听计从。虽然外婆过于严格的传统家教让我不适应，但是让我佩服的是，外婆是那个年代少有的有文化的女性。她说："人要立志，一定要知道自己想干什么。"还告诉我："人没有好坏之分。"我那时候就觉得"黑就是黑，白就是白，怎么会没有区别呢？"于是外婆给我讲了曹操和刘备的故事，她说："角度不一样，看问题和处理问题的方式不一样而已。"其实，传统文化对我的影响还是挺大的，这还得感谢外婆。

17. C：在发展过程中，您如何处理社会目标与经济目标的关系？

Y：刚开始可能更多的是实现社会目标，但是后来发现，社会目标一定是由经济目标来支撑的，所以市场化运营是社会目标实现的根本。我们现在以及未来的卖场中会有一部分工业化产品替代手工产品，用它的收益来支撑社会目标，让我们能够更加精益求精地过渡。对于经济化目标，我们可能会拿出一些大众比较喜欢的、版权仍然属于我们的产品用机械来生产，通过它的收益带动社会目标的实现。

我希望社会目标实现的时间更长一点、更稳一点。经济目标我们不排除用资本的方式来介入。从现在开始我不排斥资本介入了，因为基地已经建立了，展示也有了，前两年我排斥是怕资本进来以后运作速度太快，根基都还没有打牢固。现在我觉得各方面都完善得差不多了，所以注入新的资本是可以的。

18. C：您能用简短的几句话来描述公司的社会目标吗？

Y：根植于传统文化，用商业行为促进公益行动，用创意设计实现手工量产，通过手工量产的文创产品帮助女性居家就业，倡导商业向善。

19. C：您想把根植于传统文化的手工原创做得像宜家一样，我理解的宜家其产品价格相对比较亲民吧？

Y：也不是，它有些产品的价格还是很高的，很多家具组装起来也不便宜。实际上它用了一个技巧把客户吸引进去，让顾客以为它很便宜，心理策略用得很好。宜家本身也是一家社会型企业，它用设计改变世界，其实它解决了一个群体，即小户型家庭的基本装修问题，我觉得挺好。其实国内某个做家具的企业，也做了一个场景化的设计，但是第一眼看它就是山寨，东西的设计度不够。我们也一直担心我们的东西被别人模仿，但是小伙伴后来告诉我："我们一直被模仿，但从未被超越。"我也发现他们只是模仿到我们的皮，没有模仿到我们的骨。所以我认为做社会企业初心很重要，最起码我的初心不会变。我的初心就是解决女性就业问题。我经常回头看我走偏了没有，如果走偏了，我们要及时回来。因为初心变了，就很难做长久。

20. C：在公司发展过程中，您认为公司遇到的最大的困难是什么？

Y：资金困难和人才匮乏。我觉得有了资金，还得有人才，这样才能推动事业的发展。

21. C：那您有没有想办法融资？

Y：我想过，包括和资本合作。但资本是趋利的，它没有耐心等企业围绕社会目标慢慢发展。

22. C：我觉得现在还是有很多企业家坚守初心的，他们有盈余的话，您是否考虑过合作？

Y：考虑过，但还没有专注去做这件事。我们接下来肯定会走合作模式，吸引更优秀的企业或个人参与进来，稀释股份。之所以之前没有这么做，是因为我担心我的理念和其他进来的人不一致，但现在我们基本上有基础了，就可以合作了。刚好昨天我梳理了我们到底在做什么样的业务，实际上我们涉及的范围有点广。我们不只是社会企业、社会组织，我本人也是社区规划师，我也要做社区规划以及社区氛围营造。未来我们打算在这个地方专门成立一家公司运营生活馆，采取乡村改造和酒店管理的盈利模式，这个不在城市之窗和手汇幸福里的业务范围内，我们专门起了名字叫作“凫猫文化旅游”①。我们这里是凫猫的产地，是凫猫的根，我们会研究温江文化，挖掘这个地方的文化价值，和当地的生活组织部门共同成立一家公司，不排除可以往社会企业的方向发展。但暂时还不明确，因为在股份比例上，村组织占60%。

23. C：做了这么多年的社会企业，您取得的最欣慰的成绩是什么？或者您积累了哪些宝贵经验？

Y：我觉得没有什么欣慰的成绩，但我发现有这么多和我一样以情怀为主的人，这个可能是感到很欣慰的一点。有想法，去做就好了，它总会实现的。其实有时候就是“尽人事，听天命”。我们不能保证未来企业能走多长，但只要我们在做就好了。过去这么多年，唯一取得的一点成绩就是百姓慢慢接受了我们的模式，他们愿意用这样的方式在家就业。

24. C：您从企业家的角度来看，什么样的企业才是一个好的社会企业？

Y：首先我不觉得我是企业家，只是机缘巧合就坚持了。关键是这件事需要自己评估是否值得做，我理解的社会企业就是要有一颗“社会心”。所谓的社会心就是所做的事业是与社会的发展相关联的，能够推动社会的进步与发展。其次就是不忘初心，坚持、坚持、再坚持！

① 截至发稿日（2020年11月），凫猫文化旅游已正式运营。生活馆的运营就是由凫猫文化旅游来执行的，这是单独的运营公司，可采用多种合作方式推动它的发展。

25. C：您对贵公司的自我评价是什么?

Y：我觉得我们既要往前走，又要横向走。要“摸着石头过河”，在发展过程中不断发现新问题、解决问题，继续往前走，不怕慢，关键是坚持。

26. C：请您谈谈贵企业未来的规划，未来一两年或两三年的。

Y：第一，希望能够把手工产业化发展与社区氛围营造和治理结合起来，依托社区发展社区经济，让社区经济持续发展；第二，希望我们的手工产品能够走进千家万户，走向世界；第三，希望能够开展国际手工交流活动，让更多的人了解中国，了解我们的生活方式，让世界更祥和。

27. C：最后一个问题，您觉得社会企业要实现可持续发展，最关键的因素是什么?

Y：产业化。如果不是产业化而是政府购买，那么社会企业就不能实现持续发展，所以我还是觉得社会企业要追求产业化。我很佩服任正非和马云，任正非很久以前就在布局了，所以一定要提前10年、20年布局。比如刚才说到的彩绘，我现在想到的是整个产业链的问题，而实际上这个产业链就比较长了，需要更多的人一起来做这件事，我们只是中间的一个环节。另外，我觉得E时代的兴起在为我们提供生活便利的同时也会让我们面临失业问题。所以，手工产业的复兴能让全球更多的人使用更多的手工产品。我在思考，但不知道能不能实现。

四、访谈感悟

（一）关于创始人

按照约定时间，我们见到了袁总，她左脚打着石膏，面带具有感染力的微笑，倍感亲切。得知袁总竟带伤专门从成都赶来温江接受我们的访谈时，心中充满感激，看到了企业管理学者在中国做案例调查研究的曙光。

袁总是一位集传统感与现代感于一身的女性社会企业家——古典韵味与现代时尚在她的行为举止与思想间融洽地存在着，她的每个设计都有着传统文化的根基，却又体现了时尚最前沿的思想。“我能为您做些什么？”是她与人沟通中最多的开场白。她在社会企业的创建与运营过程中，虽然情怀驱动大于市场驱动，但产品的市场效果反响很好。与其他社会企业家不同，访谈中，袁总并没有过多地讲解企业战略、商业模式等企业发展与管理问题，更多的是展现她的产品设计思维以及对高品质的追求。

（二）关于公司

历时 13 年的发展，城市之窗依然是一个发散性很强的社会企业。它涉足多个领域的多个产业链环节：手工原创，手工体验，手工行业评价标准，服饰设计、生产与销售，家具装饰和玩具公仔设计、生产与销售，社区规划与文化传播，旅游与扶贫，等等。虽然公司在创意设计与资源占有方面具有显著的优势，但如何在一个领域内聚焦、深耕是企业必须面对的问题。

第十章　妮妮环球：食育拓荒者

- 访谈对象：孟妮，成都智慧源教育咨询社会企业有限公司创始人
- 访谈地点：四川省成都市武侯区桐梓林中路（工作室）
- 访谈时间：2019年8月4日10：00—12：30
- 访 谈 者：陈青姣
- 记 录 者：唐文娟　周宇宁
- 注：以下文中“C”（陈青姣）表示提问，“M”（孟妮）表示回答。

一、公司简介

成都智慧源教育咨询社会企业有限公司（以下简称成都智慧源）成立于2013年4月7日，2019年1月4日进行了公司名称变更，更名前为“成都市智慧源科技有限公司”。“妮妮环球食育”是该公司打造的品牌，以解决因饮食认知缺位引发的社会问题为源动力，以传播食育、弘扬正确饮食文化、打造食育标准为使命，不断研发、健全与推广食育课程体系及其衍生产品。该公司目前服务多个社区、公司、学校，通过专业化手段将“生活教育”与

“生命教育”有机结合，增强人们对食物的认知，并以青少年儿童为核心服务对象，培养其择食力、环保力和共识力。2018 年，公司获得四川省成都市首批“社会企业”认证和中国慈展会社会企业认证机构颁发的“中国好企业”称号。

二、创始人孟妮简历

图 10-1　成都智慧源创始人　孟妮

孟妮，笔名“孟芊杉”，女，1980 年出生；英国诺丁汉大学城市可持续性发展硕士，“妮妮环球食育”创始人，成都知食社区营造促进中心发起人，中国致公党四川省省直委海联委委员，英国皇家礼仪师、国家高级营养师、健康管理师。主要经历：2013 年 4 月至今，成都智慧源法人、股东、执行董事兼总经理；2016 年被授予世界饮食革命中国区大使；2019 年被授予成都市国际化营商环境巾帼建功标兵；2019 社会创新家教育类 Top10；2019 银杏伙伴。

三、访谈内容

图 10-2 访谈场景及企业工作室

1. C：请问贵公司成立的初心是什么？从成立到现在，公司的初心有没有改变？

M：这要从我们的企业使命或者解决的社会问题谈起。我们要解决的是由儿童饮食行为不良导致的一系列社会问题。我们面临以下社会问题：

第一，人类由于自身饮食的认知缺乏导致的社会问题，包括肥胖、营养不均衡等亚健康问题。

第二，饮食带来的一些环境问题，包括我们的外卖、浪费等问题，并且这个问题现在是比较严重的。我们的垃圾里面有 60% ～ 70% 属于厨余垃圾，并且浪费的情况非常严重。目前，五星级酒店一个月倒掉的垃圾有 1 吨以上，而且有些是没有动过的食物，这种浪费是很大的。

第三，食品安全问题。大家都在抱怨吃得不健康，或者外面卖的东西存在很多安全问题。比如，农民种两块地，一块地出产的东西卖给城里人，另一块地的自己吃。其实出现这些问题的主要原因是我们对食物的认知不足，以及不懂得怎么和食物相处。我们更多的是把食物当作一种商品，但是这忽略了一点：我们吃的每一口食物构成了我们身体的血和肉，如果我们没有理解食物，没有很好地对待食物，那么我们的身体也不会有好的结果，由此就会引发一些慢性疾病。2016 年 10 月，国务院发布《“健康中国 2030”规划纲要》，这一举措也是因为癌症已经成为一种非常普遍的疾病了。这些疾病能单纯依靠医疗吗？我觉得应该靠自己，所有的饮食主权必须掌握在我们自己手上；而现在的年轻人从来不下厨，也不会下厨，他们觉得点外卖很方便。

第四，孩子不懂得分享，都是以自我为中心的。因为从家庭的饮食中就可以看出来，餐桌上都是为他特制的食物，他想吃什么、不想吃什么都由他说了算。而且对于快餐，父母的认知也不够，总有广告去引诱你，“这些很健康，没有问题”；就像电视广告里面的橙汁，你以为那是橙子做的，但是可能和橙子没有半点关系。从我们到下一代，都缺乏这方面的教育，因为我们没有学习渠道，学校没有这样的课程，所以只能通过广告去学习。2011 年，我们去成都做调研，最不健康的、最没有品质的餐厅不是在火车站这样的地方，而是分布在大学的周围。因为这些年轻人对饮食没有任何概念，他们只是拿着父母给的生活费去购买他们觉得便宜又好吃的食物；因为他们没有生活认知，从不下厨，所以他们容易被商家和食物的包装蒙蔽，可能食物外表看起来美味又好吃，但是仔细一看，就是一堆食品添加剂，但是他们并不会觉得这有什么问题。

如果一个小朋友能够很好地对待食物，懂得分享、懂得给予、懂得回馈环境，那么这个小孩一定不会差到哪里去，他一定是非常有爱心的、懂得与人相处的小孩。所以食物赋予了我们两个维度：一是怎么吃；二是怎么以食育人，怎么从吃的层面影响人性。其实这和现在的教育体制是互补的，弥补了现代教育体系的部分缺失，因为现在的小朋友都走在家长和学校给他安排的道路上，缺乏自主选择权。我们企图把饮食主动权交还给孩子，让他们学会管理自己，学会为自己的饮食做主，并且带着逻辑关系去选择，而不是单纯依赖口味做选择。

当前大部分人都在追求吃得好、吃得爽、吃得美味，他们可能不会去想吃的这一口和自己、他人、地球的联系是什么。所以我们既缺乏对食物的敬畏，也缺乏对它的尊重。这个意识需要从小时候开始培养，因为这部分孩子长大了，也会从事与食物相关的行业。目前全球最大的产业是食品和食品包装等相关行业，每一口食物都可以改变地球。我们服务的对象是在城市里的人。因为随着城市化的加快以及过多的商业化，这样一群孩子的自然教育是缺失的，所以我们可以从食物溯源到自然教育的源头上，让他们了解食物从哪来，当然不是从超市里来，让他们形成这种认知，这就是目前我们所做的工作。

刚开始我在英国也做了5年的食育工作，见证了英国从最开始需要食育、民间发起到最终的政府立法。在这个过程中，其实是资本主义工业化的发展使它暴露的问题比中国要早，但是它的历史不像中国沉淀了那么久。我们国家是有基础的，饮食文化是非常有智慧的，只是因为受到西方工业化的冲击，我们没有传承好。

回到中国，首先我觉得不能被西方文化带偏了。其次我们要用中国的模式带动西方国家向我们学习，向东方饮食文化学习。虽然西方国家的工业化程度高、医学医疗水平高，但它们的学科太单一了，缺乏像中医一样讲究天人合一等具有整体性的东西。中医的"sustainable"[①] 其实早就有了，只是表达方式不一样而已。怎样能够持续地发展？其实这在我国古老的哲学里就多次提到。所以无论是实现文艺复兴、哲学复兴还是实现传统文化的复兴，总而言之，就是实现中华生活智慧的复兴。我觉得作为中华儿女有责任做这样的事，或者这其实是我应该做的一件事情。虽然我也走访了30多个国家进行调研和学习，但我觉得回到中国、回到成都是我的一个梦想。

我在英国待了9年，可以非常顺利地入籍并得到好的工作，生活得很安逸。我在英国也创业过一次，并且把第一桶金全部投入到研发里面。一直以来，我们都在做同样一件事情。我们公司从2011年开始调研到2013年正式成立，从2013年到2016年、2017年的研发，再到现在逐步走进学校、幼儿园、企业、工会、社区以及政府的一些部门，还有大使馆等，其实都是为了同一

① sustainable：可持续的。

件事情——推动食育的成长和立法。尽管有商业模式在里面，但我的初心并不是为了商业利益。我其实最早是想成立社会组织的，但是那个时候不容易成立，因为没有食育这个行业。我去找教育部门，教育部门让我找卫生部门，而且食育还和农业相关，因为它跨的部门太多，所以没有办法成立社会组织，只能被迫成立了公司，被迫用商业模式推动它运转。但是我觉得殊途同归，只要你解决了这些问题，在解决的路径上产生了价值，并且能持续地满足受众群体的需求，就都是一样的，所以我们一直走到今天。

这间教室其实是 2014 年我在这里租的一间房子。为什么租这里呢？因为研发的时候我不想有人打扰，我需要安静，但同时又需要有场景。我的研究不是理论型的，理论方面的我在英国已经做过了，现在需要的是实践型的研究。虽然我们做着同样的事情，针对的都是儿童，但是因为中国群体的社会结构、家庭结构、文化以及吃的东西等与英国的有很大的不同，所以需要重新研究。学员数量从 12 位小朋友到今天差不多有 6 万多人的体量。当然最开始的 12 位小朋友都是被抓的“小白鼠”，都是身边亲戚朋友的小孩。慢慢地，人越来越多，这个教室也逐渐坐不下了。

我们直到现在都没有销售部和市场部，一切合作的来源都来自口碑。当时这部分小朋友还刚刚上幼儿园，现在已经上小学了，我们看到了他们的变化和成长，他们是我们志愿者的核心骨干，有些也成为我们的兼职小老师。此外，我们还有一些国际志愿者，他们每年都是自掏腰包来到中国做志愿者服务，做了 10 年了，这些人都是和我们一起成长的。我们现在国内外志愿者一共有 300 多人，分布在全球各大洲，他们有时候会亲自来到这里，有时候作为远程的志愿者提供一些服务。

这是一件特别快乐的事情，但也比较艰难，有时也很迷茫，因为没有人做过，回国的时候没有人听得懂什么是食育。一说“食育”，别人就会说：“我‘食欲’很好啊！”很多人不理解，他觉得中国人才吃饱，你就教他吃什么以及怎么吃，这个要求太高了，要再等两三代人之后，做这个事情才是合理的。

但是我不这样认为，既然知道了真相、答案和解决路径，那么能改变多少就改变多少，没有必要等到全民都有这个需求才去做。等到那时已经晚了，小孩子都已经长大了，可能他们都已经因为种种原因身体受重创了，而且在这个过程中，我已经知道有非常多的人因为没有掌握好自己的命运而非常痛苦的例子。

孩子因为饮食带来的种种问题，如肥胖、偏食等引起的营养不良太多了。我们看到七八岁的小女孩并不是因为药物激素或其他原因，而是因为乱吃（比如为了上补习班吃一年的肯德基）或由其他饮食习惯导致她们那么小就开始发育了，这就是吃出来的问题。有些人说中国人身体棒，三聚氰胺、地沟油都可以承受，但那是因为我们底子好。之前我们的空气、环境好，没有被污染；而现在大气污染严重，生活压力大，作息时间不规律，这样下去身体不垮才怪呢！

昨天我妈妈从一个地方度假回来，刚好碰到她以前的朋友，是一位非常成功的企业家。他们有十多年没见面了，她的朋友刚刚60岁，做了一辈子的房地产开发，特别有钱。我妈妈去看他，他们度假时带了一个厨师团队和一个保姆团队为他服务，但是他吃什么呢？他喜欢喝粥，天天喝粥，又喜欢吃米线，顿顿吃米线，吃米线的时候要是觉得烫了就拿凉水冲，一点生活常识都没有，最后生病了就靠医生。虽然医生给他用最好的药，但是俗话说“是药三分毒”，药可以短暂地杀死病毒细胞，同样也会折磨你的身体，所以我觉得他是一个典型的需要食育的人。

我妈和我说，她的朋友活不了几年了，那么有万贯家财又能怎么样呢？他内心极度不幸福，活得非常痛苦，没有生活的底气。所以我父母之前不理解我做的事情，慢慢就觉得真的太重要了。我们要先尽可能地传播理念，让大家产生意识。我不知道你们之前是否关心过这样的事，但是如果我们深挖饮食背后的一些黑暗面，其实是非常可怕的，令人毛骨悚然。因为里面涉及的利益太多。但是我们公司不去做爆料的事，更多的是教大家如何建立好的生活方式。愿意来的人就加入，加入志愿者也可以，来上课也可以，来分享也可以，我们希望用这样的方式让大家形成力量，改变消费者的观念，倒逼生产者。

政府发文只是政策引领，而上有政策下有对策，消费者的意识没有提高。只有消费者不买，生产者生产的东西卖不掉了，他们才不会再生产。所以，我们不要相信广告，不要相信进口标签和价格，只相信自己的判断力、眼力和脑力。

首先，我们要教会小朋友如何选择健康、美味、环保的食物，这是其中一部分。

其次，如何在这个过程中保护我们的环境，如何学会分享、感恩以及传承饮食文化。一方水土养一方人，你的祖辈怎么吃，你就怎么吃。虽然没有任何科学依据，但它是一个实践性的真理。如果你在这个地域，就应该大量地吃这里的食物。因为食物是非常奇妙的，在本土里面长什么，它就为你补什么，而且它就是你身体需要的。比如，四川潮湿自然就生长了川椒（花椒），其他地方是没有四川的川椒的。大自然给了你很多宝贵的东西你不用，反倒去吃别的地方的食物，这样身体肯定吃出问题。就像上大学，你的老家虽然不在那边，但你去了以后，过一段时间就应该适应那个地方的饮食了；如果你不适应，还是吃老家那一套东西，偶尔吃没问题，但吃太多就可能水土不服。

最后，需要强调饮食传承的重要性、家庭餐桌的重要性。你是80%的时间都在家里吃饭，还是80%的时间在餐馆吃饭？现在有太多的年轻人在餐馆吃饭或者点外卖，可能年轻的时候不觉得，但到了30岁以上他们就会为自己的健康付出代价。你不花心思在生活上，就得花钱在药上，还要花时间寻找新的平衡。生活没有所谓的代餐，你可以偶尔为了方便吃外面的食物，但是不能省掉对生活应该承担的责任。

总之，我们非常希望能够让大家提高这方面的认识。我就像一个传道士一样告诉你，你信不信都没关系，自己决定，因为没有人可以为别人的健康做主。但孩子不同，孩子就像一张白纸，他能够完全地、非常愉悦地、幸福快乐地朝一个好的方向发展。所以我们的群体就是儿童，我们也可以通过儿童辐射到他的爸爸、妈妈等家庭成员，或者其他的年轻人。

2. **C：产生这个初心时，初创团队有多少人？**

M：只有我一个人。

3. **C：那您的团队是怎么组建的？**

M：我一路走来都有人跟随。在传播过程中，我最开始招了一个助理和一个实习生帮我整理文档。后来我又招了5个应届实习生，想在里面选一两个人留下来，因为这个行业很新，所以很难招到专业对口的人才。最后确实有人留下来了，一直跟随我到现在。之后我也遇到了很多非常赞同我的人，包括我们的员工、学员家长。最开始他们带孩子来学习，后来觉得好就帮助我们宣传，再后来成为志愿者、兼职员工，最后成为全职员工。我们的员工以“90后”为主，占70%；“70后”少一点，大概占5%；其他就是“80后”。

为什么大部分“90后”员工留下来并坚持到现在？因为尽管工资不高，但是他们做这个工作会产生幸福感，特别开心。第一，他们赋予了别人幸福，因别人幸福而感到幸福。第二，我们的工作会让员工觉得超级有温度、有美感，会滋养他们的生命。我们研发的很多产品都会让人觉得非常有生活气息。在我们的员工中，有一部分人原来身体有问题，但成为我们的员工后，他们开始形成良好的饮食习惯，也逐渐恢复正常的生活了。

其实大家都是有共同目标的，都是希望在自己的专业领域里面找到一个好的突破口，能够影响更多的人。有些员工是从五星级酒店出来的厨师，还有些员工是学营养学、蔬菜学、美学的，都和食物有关联。所以整个团队变得多元化，大家可以互相学习，氛围很好、很快乐，像家人一般，尽管现在人也不多，只有17个员工。

4. C：17 个员工是正式员工吗？

M：是的，兼职和志愿者一共有 60 多人。有意思的是，这些人都是在志愿者、兼职和全职中逐级转换过来的。很多大学生先成为志愿者，然后在大三或大四成为我们的实习生。我们的员工大多是师范类大学毕业的，也有浙江大学、四川大学等非师范类高校的毕业生。

虽然我们现在的业务量比较好，但我们不想做服务型机构，因为我们无法服务整个成都市。虽然也有企业在做实业，但他们要么没有团队，要么没有形成体系，都还在摸索中。其实我们希望能够输出积累了多年的成功经验、想法和心得，让更多的人受益。目前我们的商业模式是以社区为单位做社区食育，在每个社区建立食育教室或者食育中心，哪怕没有定点，我们也会去上课。在这个过程中，我们发掘社区的骨干、妈妈，对他们进行赋能，实现社区的目标。

2018 年我们孵化了第一家专门做社区食育的社会组织，叫作“知食教育引导中心”，这也是由最早的一批学员妈妈组建的。这个中心目前发展了一年多，很不错。我们通过为他们赋能，帮助他们提高专业化水平，让他们更好地服务社区治理。目前一共有 15 个社区引入了食育，这些社区所处的发展阶段不同，有些是新的，有些是老的，也有些是快要结项的。结项的社区一般都会有自主选择权，要看他们的动力或者专业能力，是否再注册成为另外一个组织。所以未来我们希望能够孵化社区社会企业，即从事社区食育的社会企业。

5. C：企业的利润来自哪里？

M：我们服务的学校、幼儿园都是要收费的。

6. C：对社区的服务是否也要收费？

M：目前不收费。因为社区是通过政府立项的项目，所以不盈利，只是保证人员工资。就像社会组织一样，社会组织就是通过申报项目去立项，然后政府拨款。比如一年类项目，它属于操作型项目，包括人员工资还有其他的费用，都会计入这个项目里，要求是把这个项目做完，但是不能盈利。这些适合社会组织去做，它们不以盈利为目标。我们现在扶持社区的社会组织是没有收取配套费用的，包括有的时候我们的人员还要支持它们，但是未来我们会收费。社会企业只是其中的一个板块，我们服务的幼儿园、小学、地产商，如万科、中国铁建等，它们都是正常付费的。我们的价格对于学校也是非常低的，是微利的。因为我们都是公益性质的单位，都从事教育工作，而且孩子也非常需要，所以将心比心。服务社区是完全不会有盈利的，服务学校可能有微薄的利润，而服务企业我们就要收费。

7. C：目前公司大部分的利润来源是企业或者学校吗？

M：社会企业做的社区项目非常少，只占到10%。本来我们不想用社会企业去做社区服务，想用知食教育引导中心去做。但是成都市在鼓励社会企业，有些社区为了完成目标需要和社会企业合作，所以我们就做了两三个项目。

8. C：成都智慧源的组织性质是企业还是非营利组织？

M：知食教育引导中心是NGO，即非营利组织。成都智慧源是介于企业和社会组织之间的。

9. C：社会企业是在工商部门注册的吗？

M：是的，2013年在高新区注册，2018年被认定为“中国好社企”。

10. C：注册公司名称是成都市智慧源科技有限公司吗？

M：是的，但是我们又改成了成都智慧源教育咨询社会企业有限公司。这个名称于2019年1月在成都又认证了一次。成都现在有12家社会企业，我们是第一家在公司的营业执照上添加了“社会企业”4个字的公司，也是全国第一家。我们的营业执照是非常有含金量的，因为之前除了工商部门以外，其他部门是不能添加的。它们专门开设了一个窗口办证，我们改名为“社会企业”的时候，所有的工作人员都不知道怎么改，后来上级部门的工作人员打电话，专门教他们用全国联网的方式把我们的名字加上去。

11. C：妮妮环球是一个品牌，对吗？

M：没错。

12. C：请问贵公司的资金来源全部是靠自己经营还是通过其他途径？

M：我们的社会企业从来没有依靠政府捐赠。如果企业要筹款，将来会让知食教育引导中心去做，我们更希望通过自我造血的商业模式去运作。如果政府支持，我们也非常欢迎，但是我们不会为了获得政府的支持就专门做一些事情，还是会按照自己的节奏走。毕竟企业的初心在那里，解决问题的手段就是依靠商业模式。如果企业还要依赖政府，那么它就不能算作一个企业，因为它连自己都养不活。

但是我们有一些项目还是会与政府一同推进的。比如，我们最近在与武侯区政府合作，目前还没有确定合作的两个区也都在谈建立“社区食育中心”的事情。社区食育中心如果落成了，就是政府与我们的合作。如果我们负责这个空间的运营，那么会将其进行标准化。食育中心在国外已经有很多家了，但在国内一家都没有。我们想要建成中国第一家食育中心，并在成都落地，然后为大家提供一个据点，社区的居民都可以通过食育中心去连接。因此，社区食育中心类似社区的大厨房，但是它又不同于共享厨房，不是只有单一的烹饪功能，而是一个体系化的过程，包括食物从哪来、到哪去，从开始种植到加工、进入厨房、食堂分享，再到餐桌礼仪，最后到厨余堆肥，重新回到这片土地。它其实就是把食育体系的迷你版放到社区里面，这是我们 2019 年的战略目标，是必须要完成的事情。

未来如果社区食育中心能够实现模式和运营的标准化，那么我希望它能够在成都或者全国复制推广很多个社区食育中心，这样孩子就有地方去学习食育。孩子可以随时来这里，一日三餐都可以来，也可以来儿童食堂玩。它其实就是一个服务社区、儿童以及弱势群体的端口，我们特别想推动这件事情。我们希望它不是单纯的企业，不是单纯进行商业收费，而是一个共建的场所，社区的居民可以一起推动连接社区内部的资源，同时将其专业化。社区食育中心建成并正式运转后，我们会把它交还给社区，由培育出来的骨干运营，把它植入当地，然后我们退出。

我们希望通过 3 ～ 5 年的时间，把社区食育中心培育得比较完整。做食物很简单，门槛很低，大家都会做饭；但它也很难，因为一旦上升到服务别人、让大众来参与的时候，是否可以达到安全标准、卫生标准，是否可以坚持初心呢？这些都要培育，还需要一个过程。我们既希望慢慢磨合，也希望能够和市场监管局挂钩，建立一个标杆，即我们的厨房全部是敞开的，可以看到里面发生的一切。其实这也是在中国的食物产业里面给大家一个好的展现，即我们做出的食物既营养又好吃。

我们希望不只做教育，还要让大家能够参与进来一起推动。比如，社区花园就是知食教育引导中心做得非常好的一件事情。它把居民连接在一起，促进了居民之间的交融，同时用社工的一套方式帮助居民形成自己的议事规则，建立作业小组，那么未来他们就会开始关注食物的一些议题，从而推动食育的发展。所以，未来的社区食育中心将会有比较完整的美容花园、食育厨房、社区厨房。我们还提出了“社区共享幸福餐桌”的概念，喜欢食物的、想要动手的、想与邻里之间拉近关系的、想培养孩子社会性的都可以来，在这里更多的是自己如何和小伙伴一起做非常美味的、漂亮的、营养的食物，也可以邀请父母一起来分享。如此一来，儿童的社会性也提高了，所以它在儿童的择食能力、环保能力和社会能力三个方面均有所推动，同时把大家聚集到一起，有一个共同的主题。

13. C：与贵公司联系比较紧密的部门有哪些？

M：首先是政府。我认为在中国推动食育是我的终极目标，即推动食育在中国立法，所以我必须和政府走到一起。我成立社会组织或者社会团体的初衷，就是要和政府一起来做。可能政府二十年前解决的是温饱问题，要保证大家吃得饱；但现在吃不饱的人几乎没有，找扶贫对象都很难。所以我们把吃的维度上升了，从温饱问题上升到吃得美味、营养或者安全，但是这样还不够，还要往上走。因为政府也是一步一步来的，所以我们就跟着政府的节奏。

我们设置的课程在社区里面比较浅显。在社区成立知食教育引导中心是为了让居民打开食物的大门，进行思考和探索。而我们的其他课程，比如心理课程、家庭课程或者一些企业、学校的课程，会更多地思考深层次的问题，因为会涉及不同教育背景、不同认知的人。

我们同与食物相关的政府部门都有接洽，如教育厅、卫健委。在此之前这些部门并不知道我们，也不理解我们，都觉得太遥远了。但是慢慢地，食育从国家层面也在推进。根据党的十八届五中全会战略部署，中共中央、国务院于 2016 年 10 月 25 日印发并实施《"健康中国 2030"规划纲要》，现在健康任务行动已经开始了。所以对我们来说，政策利好是非常明显的。这也是我 10 年前的判断。根据预判，我一直"烧钱"，等到政策的大趋势来了之后，我们就有市场了。所以我们既是在等待市场，也是在培育市场，这样真的很难，还好坚持过来了。我之前还和员工说："只要不'死'我们就胜利了，后面自然会有东西推动我们发展，我们一定要坚持活下来。"所以最开始那几年我们是没有回报的，完全处于亏损状态。

14. C：公司是从哪一年开始盈利的？

M：2018 年差不多实现盈亏平衡。公司慢慢好转是从 2016 年开始的，2016 年我们进入学校，B2B 模式开始运行。本来我希望 2017 年进入 B2B 模式，但是因为有一些学生家长是园长或者社区书记，他们特别希望我们的课程能够到他们的学校或者社区，非常积极地把我们引入他们的团体，购买我们的课程，所以成都市很多知名的公立幼儿园都是我们的合作方。最终输出的模式就是授课，我们没有产品，都是以教学为主，小学、幼儿园都有。

15. C：食育认知产业链应该包含哪些环节？

M：与食物相关的所有环节都包括。第一，从土地的保护、土壤改良、土地的认知到水、空气、农作物等，其实非常广，这是食物的来源端。

第二，食物的储藏，即加工端。这里也是问题百出，为了让食物保鲜、让食物更好看，很多企业会添加很多工业化的东西，所以吃到的东西会很甜或很咸，因为糖或盐是最便宜的保鲜剂，大量地摄入会让人们对糖或盐产生依赖，让味蕾很享受。

第三，食物的加工。现在的加工不是为了保存食物的原味或营养，而是为了口感。所以食品工业会研究味蕾最依赖的感觉，不会太在意营养，营养只要计算出来不违反标准就行。食品工业会研究你的舌头，让你可以不停地吃或者对这个食物产生依赖，最终转化成咸甜加酥脆的口感。比如薯片，嚼着很脆的那种声音会激起你对食物的欲望。食品工业化加工中，有很多小心思在里面，这就造成了我们对食物的依赖，一旦依赖上工业化的食物，味蕾就会慢慢变弱，再尝不到食物中美好的一面，所以我们的食育主要是在加工环节。现在我们吃到的食物几乎都是用机器做的，虽然食品工业化很方便，但不能为了方便就把我们的生命搭进去。食品工业在很大程度上依靠化学加工，如用化学物质提取苹果的味道，如果真的是从食物里面提取出的物质还好，但有些是化学合成的，完全没有食物，然而颜色、味觉都是一样的。这样的事情也很多，因为这对一些企业来说很简单。

第四，食物的包装，这也是我们需要思考的。那么多塑料怎么办？就像环球中心那里堆的一次性餐筷、饭盒比一个人还高，有时候楼梯都上不去。像这样灾难性的东西，我们怎么与这些企业、产业进行沟通？直接不让它生产是不可能的，就像烟草一样必须存在，但有没有为它的存在而努力改变呢？这样的企业像麦当劳一样，如果不往健康餐食的方向发展，绝对会走向死亡。因为随着我们这批对食物觉醒的人更多的认知，绝对是越来越少的孩子去吃麦当劳了。

第五，餐厅。怎么看待餐厅的食物？四川为什么麻辣重？因为食物本身的味道没有了，它企图用很重的佐料让人们吃得刺激，让人们购买更多的饮料，所以餐厅也是以利益为导向的。但是食物的“食”字有个良心的“良”字在下面，我们要平衡它们的关系，要告诉消费者新鲜的食物就是这个味道，或者尽可能买到更好的食材。体系之间都是互相影响的，到最后就是自助餐厅很浪费。吃剩下的食物如何处理？这个也是大家比较关心的。所以，我们在各个社区有美容花园，一起鼓励厨余堆肥。如果把社区厨余堆肥的问题解决了，那么50%的垃圾就消失了，根本不需要分类运出去，这就是我们要做美容花园的原因。另外，大家把社区的厨余垃圾堆到一起积肥可以使土地变得更有机。所以，社区在垃圾分类这个层面能够做的最大的事情就是解决厨余垃圾，如果能好好利用厨余堆肥，这个量也很可观，可以节约很多资源。

16. C：接受过食育课程的人会有什么样的改变？

M：我们不是针对问题小孩做的课程设计，而是针对普通小孩，教育他们应该怎样建立好的饮食观，培养他们的意识和行为。但是我们接触过问题小孩，如小孩有挑食等不良习惯，这些都能通过食育课轻易地解决。一些孩子在家不吃饭，但是通过我们的课程，他很快接受了食物。因为我们用了很多科学的方法，并且找到了孩子不吃饭的原因。对轻度早熟的孩子，我们会教他们怎么调节，通过食物改变，而不是通过药物平衡。

我们做过很多的比较，上过食育课的孩子和没有上过的孩子是什么样的生活路径。比如，我们每年都举行圣诞聚会，对于孩子来讲这就是一个普通聚会，但对我来讲其实是在观察孩子。参加聚会的大部分孩子参与了我们的食育课程，所以相当于做集体回访。每年参加聚会的大概有二三十个孩子，同时，我也会邀请从来没有参加过食育课程的孩子，观察他们在圣诞晚会上的变化。然后就发现了一件非常有意思的事情：没有上过食育课的小朋友，发一颗糖果就会吃一颗，而且不停地吃；但上过食育课的小朋友吃一颗之后就把其他的包起来，并开始规划明天一颗、后天一颗，这个对比是非常明显的。在食育课上我们教会小朋友做蛋烘糕，现在他们很多人会自己摆摊做义工，把卖出的钱捐到社区基金会帮助别的小孩，他们会关心别人，还愿意当志愿者。

很多小朋友在学会吃的过程中，产生了自我意识，提高了自我管理能力和对此事件的认知，多维度地认识世界，从而自然地成为一群孩子的领头人。因为他有自信，他的自信不是来源于父母把他捧得很高，而是他的自我成就，即对生活的掌控感和自主权，所以我们这里上过食育课的小朋友在班里都是骨干，具有很强的领导力。我们教的小朋友很小就自己动手，最小的两岁，我们也会让他们自己拿刀、端盘子。其实我们只要好好教会他们怎样是安全的，他们会记得比大人还要好、还要细心。

此外，我们还接触了很多有自闭症之类的特殊儿童群体，发现他们是能够与食物沟通的。因为感官太多维了，可以看、听、闻、嚼，再加上好吃的东西放面前，再自闭的人都可以对食物产生一定的反应，精神有一些差异的小孩也能够参与到这个过程中。还有一些家长觉得孩子发育不健全，其实小孩根本没有什么问题。我们这里有个小孩名叫“小乖”，3岁开始不怎么叫人，她妈妈以为她有抑郁症，其实她只是不会用语言表达，语言发展迟缓一些。小乖参加了食育课后，现在很会讲话，动手能力也很好。在她6岁时，全家的年夜饭都是她一个人做的，而且她会考虑每个人的感受。比如，爷爷吃不了硬的，她就做软一点。她有一个菜单，有些她不会做的便会请其他人帮忙。她的学习成绩也很好，因为在食育课中养成了很好的习惯，锻炼了统筹能力、管理能力、时间安排能力，还会考虑对方的需求。所以，通过食育成长的小孩非常会观察、沟通，这样的小孩一生将是充满幸福感的，也会得到很多帮助。我们的员工也很喜欢给孩子上课，有一些孩子也和学校反映想上食育课。

17. C：请您用比较简短的话总结贵企业的社会目标。

M：希望让小朋友以食物为载体，形成健康、环保、快乐的饮食观。我们解决的就是饮食带来的种种问题。大家没有认知食物的渠道，所以很多的社会问题、环境问题、亚健康问题都是从饮食这个端口引起的。虽然我们也可以在食物链上做改善，但是终端是我们对食物的认知。所以我觉得食品安全问题是每个人的责任，而不只是政府的责任，政府只是其中一环。另外，目前我们希望锁定孩子这个群体。我们现阶段通过孩子做食物教育，而未来应该“人人都是食者，人人都是食育者”。比如，今天我分享的一些东西，你们可以分享给其他人，这其实就是一个思想的传播。

18. C：目前贵企业处于什么样的发展阶段?

M：应该是“标准化 + 规模化”的发展阶段。

关于标准化，我们已经通过了前面的研发期，也通过了研发的测试期，正在进行标准化，但还没有完成。“产品标准化”和“教学标准化”是目前标准化做得很好的两个方面，后续还有“运营标准化”和“服务标准化”，因为它们的体量不同。比如，我们要做的社区食育中心还没有落地，希望可以通过至少 1 年的时间测试它的运营。以前我们做的是内容的内核，现在我们要做的除了内核之外，还要管理一个场所，所以运营标准化和服务标准化还没有完成。但如果我们直接到幼儿园、小学等地方上课，是不需要做运营标准化的。

关于规模化，我们现在应该算小规模的，可以做样板，但是还不具备做大规模的或者类似异地复制的样板。其实，几乎每个月都会有其他城市做食育的企业想要和我们合作，但是我觉得推出的样板需要自己先实践一段时间，否则是不会去外面推广的。两个月前，上海社创星为我们安排的战略教师和我谈合作，想要在上海成立一家食育公司。这位教师很好，他们的团队也很强，全是博士后以上学历。在上海开发新市场确实很好，作为战略合作伙伴，他们对我们帮助也很大，但我就是觉得时机还没到，没有到异地扩张的时候。2020 年就差不多了，至少能把社区食育教室或者食育中心建成，先运营再合作会更好。其实好几年前就有很多来自深圳、北京的人来谈合作，但我们觉得还是要走稳一点，毕竟我们是以教学内容出发的，不希望走得太快、太急。

我们不是想要成为大规模服务机构，而是以研发输出为主。我们团队未来可能会维持在20个人以内。

在公司发展过程中，我们一直很重视研发部门。也可以说，公司存在多久，研发部的教学研发就会存在多久，并且会不断根据时代的变化做好课程体系研发。虽然现在的课程体系已经很完整了，但我们还是在持续不断地更新。同时，我们也很重视培育教师，将课程研发与教师培育结合在一起进行。教师边上课边实践，然后将问题反馈给我们，我们再进行深度研发。

我们的LOGO是"妮妮环球"，体现了国际化因素，所以未来我们的理念是要复制到其他国家的。我之前在英国做社会企业，回来之后要把这套东西带到更多的国家。我们和很多有名的大学建立了合作关系，他们也非常认可我们创立的这套食育体系。实际上，全世界只有日本的食育企业做得比较好，其他包括欧美国家有一半的食育企业都是失败的，因为路径没有找对，没有从儿童的视角出发，结果往往就是孩子答题很厉害、分数很高，但是生活能力不行。比如美国肥胖的人较多，这些都有待于未来我们去连接国际，这也是为什么我们有那么多国际志愿者的原因。我们一些好的传统，比如二十四节气饮食，其实是全世界人民都应该学习的。虽然其他国家和地区现在已经有了一些季节性饮食或者当地饮食，但是没有中国这套做得那么细、那么好、那么完整。在3000多年以前，很多东西在中国就已经成型了，但是我们没有把它传承好，没有结合社会发展的新事物进行很好的转换。所以，我们其实是有桥梁的，应该把古老的智慧与现代生活融合起来，行之有效地推广给其他国家。

让我们的孩子接受食育，不仅是为了让他们吃好，也是为了让他们通过食物去理解：自己虽然只是自然界的一个小单元，但也会影响全球。孩子应该清楚，他既是自然界的儿女、炎黄子孙，也是世界公民。在这几个维度上，孩子应该怎么去做？到不一样的场景，应该怎么去吃？孩子未来生活的场景一定是多元化的，什么人都有，那他们怎么理解别人的文化？就从吃开始，从餐桌上理解别人。

这种对多元文化的认知，在我们的食育课上有一个系列叫作“用食物看世界”，这个课程做得非常早，在英国时这个课程就已经拿了很多奖。这是对多元文化的启发，所以多元化性质也带动了我们很多的志愿者，包括我们领事馆波兰总理的厨师都是我们的志愿者。我们的志愿者有很多大咖级人物，他们就是因为赞成我们的理念而加入的，他们能够带着各种资源和文化一起推动食育的发展。我希望参与进来的每个人都很快乐，我们是在享受食物的美好，而不是在计算卡路里。虽然卡路里也要计算，但我们不是为了计算卡路里而生活的，而是为了享受人与人之间的温度，而且这个温度是有尺度的，是考虑到别人和自然的。如果小孩子全都去学数理化、人工智能，那他和机器有什么区别？人最宝贵的就是创造力和心性，我们也在用食育让孩子能够自立、自主、自强，能够有自我意识，赋权、赋能给他们。我们的课程也是游戏化的，虽然经济回报会少一点，但是我相信既然解决了问题、创造了价值，所有其他的东西后面都应该会来的，所以我们不去期待，做好自己。

我知道，其他几家社会企业最近也得到了银杏基金会等的一些支持，但是这些对我来说，其实就是一种手段。我很少接受采访，也很少接触媒体，所以我们没有推广，没有做市场营销，整个公司之前都处在探索阶段，“摸着石头过河”，要自己闯出一条路来，定价等都没有标准。虽然我们倾注了很多心血，但我觉得还是挺值得的。

我们也遇到过很多谈合作、谈投资的，但是我觉得前期都不适合，因为有一些食品工业集团想要把东西卖出去，而我的教学内容绝不带品牌，好的、差的我都不带。现在就是因为有太多的外包装了，我们就忽略了里面的内容。所以我教小朋友的时候哪怕有大型战略合作商，我也绝对不会用任何的品牌去引导他们，我告诉他们：“你要靠我教你的知识去选，不要去看品牌。”

19. C：我们可不可以理解为贵公司的初创期已过，进入成长期了呢？

M：我认为可以这样理解。初创期对我们来说，是一个研发、教研和小规模试验的期间，瓶颈期已经过了，目前可能正在进入下一个瓶颈期。随着组织的壮大，发展越来越宽广，就一定会有一个个瓶颈期。比如，我们之前以学龄前儿童为主，覆盖 3 ～ 10 岁年龄段。目前从政府层面来看，《“健康中国 2030”规划纲要》要求我们研发更高维度的课程，可能是全民食育的课程，所以将来要面对的服务群体不一样，会有各种各样的方法和做法。因此，2019 年我们进行了很多调整，在政策出台之后，我们就有相应的模式和战略上的调整。这个对我们影响很大，而且必须要做，调整以后会事半功倍，但是在调整前期会有一个探索的过程。

20. C：您认为社会企业应该怎么界定?

M：我觉得社会企业的界定有三点：第一，它是从社会问题出发的，是不是真正的社会问题，尚需要思考。第二，社会企业在解决某个社会问题时，其方法和过程中有没有再给社会带来灾难。因为有一些组织为了解决某个问题而制造了更多的麻烦，我觉得这样不合格。比如共享单车，初心可能是好的，但最后带来那么多的浪费。第三，是否可持续地解决社会问题。因为有些企业是暂时解决问题，而没能够持续不断地解决问题。社会问题既然存在，就说明它不是短期的。比如，目前面临的健康问题是社会性问题，它解决起来一定是有过程的，不太容易。你说我鞋坏了修个鞋，这也是社会问题吗?当然不是，所以我觉得社会问题需要界定。

社会企业非常重要的一点是创始人的基因和意志。因为创始人的想法、素质、性格决定他能否带领团队走下去。其实成都智慧源对我来说是第二家社会企业，虽然第一家没有被认证，但是我在英国做了 5 年与食物相关的社会企业。回到中国后，虽然当时还没有社会企业，但是我还是以社会企业的模式去运营公司。可能因为之前没在中国创业，我通过发现问题、解决问题，进而创造价值，然后连接群体一起去解决，这是一件非常有意义的事情。

我之前是学建筑与可持续发展专业的，念到博士二年级休学去做这件事情，是下了很大决心的，放弃了之前很多的荣誉和成就。我非常清醒，觉得建筑师不差我一个，但是食育师就得我来。在这个领域我会在社会上发挥更大的作用，无论是从潜力、敏锐度，还是从我对这个方向的认知，包括我的祖辈都和食育有一定的关系。

我第二次做社会企业也是因为第一次给我带来的一个结果，我回到英国去看我以前的一些学生、员工、服务对象，他们对我的评价都很好，我觉得真的是做了一位心灵的建设者，而不只是一个商业模式，更多的是大家在用爱沟通，所以这带给我的触动很大，我觉得做社会企业很值得。

社会企业也是一条途径，让更多的企业意识到社会责任感。如果你的企业发展只是以经济为目标，那么就是在走向毁灭，你没有考虑别人而只是利己。现在中国的很多企业就是因为太利己了，大家都想自己怎么好起来，所以我觉得在做社会企业这一点上，无论我有没有被认证都无所谓，当然我们非常顺利地被认证了，好像都没怎么准备，原本就是这个样子。所以，刚刚提到的创始人基因为什么那么重要，是源于我之前做社会企业得来的经验。后来，因为母亲的健康问题我回到了中国，就把这个企业转卖了。后面那位老板也很好，但他特别不幸，接了那个店没多久就出现金融危机，但是他可能内心特别强大，才能够把眼光放得非常长远，克服了中间所带来的种种危机。我其实中间也经历了非常多的磨难，包括水灾，但是最重要的是这些是否会影响你的初心？你能否活下去？因为你解决的问题太新了，不一定是目前很大的痛点或者需求不那么直观，它会有个过程，所以在这个过程中能不能坚持下去取决于这个企业的灵魂人物是怎么样的，是怎样去做这件事情的。

在企业发展过程中，我会表达真实的情况，企业很困难的时候，我会和所有人讲：“我们真的很困难。”我需要帮助时，就问大家能不能一起来想办法。我会把很真实的一面，无论是财务或者是一些推进过程中的困难告诉大家，让大家一起成为其中一分子去推进，所以我觉得企业家的基因太重要了。我的员工也越来越像我了，尤其是跟着我的老员工，做事的方式、对事情的理解和坚持有时候比我还苛刻，我觉得挺好的，对待事情就是要“变态”。

我从前年开始基本很少做具体的事，主要就是确定企业方向和目标，让员工成长得更快一点。之前员工也提过，把很多东西直接交付给他们，可能因为经验不足会产生很大的损失、错误，但是我觉得既然大家是一个团队，就应该是陪伴式成长，所以我绝对不会放弃任何员工。管理团队确实需要平衡的艺术，既要让他们之间可以对话，还要创造一些对话语境，他们有什么问题也会和我分享，所以他们把我当家人，我挺开心的，我觉得他们对我是有信任感的。

21. C：您认为贵公司在发展过程中遇到的最大的问题或者困难是什么？

M：我认为最大的问题是最开始时不被理解。因为行业太新，很多人觉得没必要，特别是大多数群体觉得能吃饱饭就不错了。在食育课程中，也有很多的博弈。很多家长有思维定式，想要我们直接告知材料去哪里买，他想要去找这个答案，但是我偏不告诉他，所以有一些家长不理解。还有一些家长认为，在既有的教育体制下，孩子最重要的是学习，可以高考结束之后再来补课，所以前几年很多孩子在 18 岁结束高考，考上清华、北大、斯坦福等名校后都被送来补课。家长说："我的孩子就是考试的机器，既没有温度，也没有情感。"他们把孩子送过来培养情感。我给这些孩子上了一天课之后，第二天就不想讲了，我觉得太难教了。因为他们的习惯已经养成了，而且他们对其他人没有尊重，他会和你说"你好"，虽然很有礼貌，但不是发自内心的，我能够感觉到这就是个过场。他们觉得父母花钱送他们上课，我就是为他们服务的人。当时是某年的 8 月，酷暑时节，厨房里教师忙着准备东西，他们就坐在沙发上吃着买的面包，打游戏、看电视剧，没有任何想去帮忙的意思，这种行为习惯就是平时在家里养成的。

我们班的小朋友吃完饭桌子上一尘不染，而他们吃得到处都是油汤滴水的，也不懂得分享。后来我让他们学了本土的菜品，这样他们出国之后可以自己做饭。他们每个人都做了分量很大的菜，我说每个人选一份，可以发到网上去拍卖，拍卖下来的钱不仅可以自己拿，而且也可以让别人尝尝自己的手艺，但没有人愿意，可能因为是自己做的都不舍得拍卖。但他们有一次做鱼的时候，有人不爱吃这样的食物，就想拿去拍卖。他们总是在自己选择之后再拿出去，没有关心别人，所以我觉得他们特别自私。我想退钱不教了，因为他们已经定性了，但后来我有点不甘心，觉得没有在我的范围里把事情做好，我想努力了之后再放弃。

有一天下午，我本来是给学生上礼仪课的，但是我重新编了教程，称作“姑娘道”。我拿了一朵棉花让学生们看，问棉花有什么特性，学生们很会回答，因为成绩都很好，说：“棉花很软、很白……。”然后我说：“棉花很白、很纯洁，对吧？中国姑娘的品质要像棉花一样，很白、很纯净、很柔软、很柔和。棉花可以穿在皇帝身上，老百姓也穿得起，没有贵贱之分，而且棉花纺的线是非常有韧性的，很有意志力，所以它既柔又刚……”我没有讲她们的不对，而是一直在讲棉花。讲完之后她们感觉到了自己平时的行为和这朵棉花的对应关系，有一丝羞愧。我说：“一个国家好不好就看姑娘好不好。因为姑娘好了，才能成为一个好妻子、好妈妈，才能够养育更好的下一代。”从那以后，她们开始变得好了很多。

之前送来的很多孩子还是大学教授的女儿，送过来的时候真的很冷漠，但是上完课之后也学会了感恩父母、感恩老师。进了大学之后又发起我们与学校的食育联合会，请我去她们学校讲课，我的一个听众直接成为我们的全职员工。她大一的时候听了我的课，听完之后一心想要做这项事业，并暗暗下定决心，但她没有和我联系，而是一毕业就来我这里报道。所以这些“种子”其实是在无意之间洒下的，我们没有太在意。你会觉得挺感动的，它有经久的年份，像酒一样有沉淀。所以我还是觉得很幸福，有这么一群人，而且这群人的数量在慢慢地增加，国际志愿者这部分，每天都有志愿者加入。

22. C：您觉得社会企业如何做才能实现可持续发展？

M：我觉得可持续发展包括三个方面：第一，企业的商业模式是否可持续，这个很重要。因为任何设计出来的东西一定是一个闭环，它能够形成持续不断的造血功能，我们的商业模式也一样。

第二，人的可持续性发展。我们团队参与事业的人，包括员工的发展，如果只守不进，只用既有的经验做事情，那肯定不行。个人必须要成长，而且成长的方向最好能够与企业战略一致，甚至比企业战略更先一步，因为他需要为企业下一步的战略做准备。

第三，持续关注服务对象的变化。作为企业，我会关注所服务对象的变化。因为我们不是以营销为中心的，未来的输出是内容输出，这是我们的内核。所以我们会不断地接触市场，接触变化的受众群体，了解父母的育儿观。受众群逐渐从“70后”的父母、“80后”的父母，到现在“90后”的父母，甚至“00后”的父母，他们的育儿观怎么样？他们怎么看待自己的孩子？这些我们都需要了解。虽然孩子的成长需要我们赋予孩子主权，但是不要忘了他们最重要的教师还是父母和周围的环境。其中的环境指的不是物理条件，而是人，因为周围的人对孩子起到潜移默化的作用。

社会企业的可持续是机制的可持续、员工的可持续，还有服务对象的可持续，这三者其实都是变化的。不是我设计出来一套商业模式，未来就按部就班地走，没有那么容易，我们需要随时不断地反思。

国家对社会企业的推动比预期更早了。在成都，我们结合本土的一些资源，思考战略上如何结合形势，如何趁着这股势力去做事，但是又不偏离我们的初心。我们随时反思：我们接那么多政府项目是否有必要呢？有一些项目作为社会企业是否应该接手？我们的答案是否定的。但是，既然现在要完成某些任务，那么我们只能把它当作任务来完成。不要总是依赖政府，我们必须保持非常清醒的状态，随时随地与受众方、资金方、服务群体、相关人员保持良好的沟通。我们大部分的成本都在人上面，人本来就在变化，如何在变化当中找到平衡点，我觉得才是实现可持续发展的关键。

员工也在成长。比如在组织能力提升方面，他们最初可能“一个人吃饱全家不饿”，后来有孩子、房子，有负担、有责任了，这个时候如何帮助他们找到事业与生活的平衡点，帮助他们承担这个责任或者享受这个甜蜜的负担？我们的员工中女孩子多一点，要结婚生子，有的人可能不到两年就要生小孩。我说："没关系，应该生，这样你才能把孩子教得更好。但是你生的时候不能忘了这个企业，你在坐月子或者怀孕的时候可以在家里办公，我们不会放弃你，你该做的事情还是可以做。"员工觉得好新奇，因为一般公司觉得员工要生小孩就不雇用了。要想辐射更多领域，实现持续发展，眼光一定要更远，我希望我的员工也一样，所以他们目前的凝聚力和向心力也是很强的。我们也在想，如何能够让员工生活得更好，让大家既能够实现自己的梦想，又能够有尊严地生活。

23. C：您认为什么样的社会企业是一个好的社会企业?

M：我认为一个好的社会企业首先能够持续发展，其次能够带动现有的企业，要承担一定的社会责任。除了解决社会问题之外，还要能够带动现有企业对社会责任的关注，这才算是现阶段一个好的社会企业。因为我相信，社会企业这个产物的出现也是因为纯企业的发展不均衡而产生的。我认为每个企业都可以成为社会企业，都可以把社会责任做得更好。

24. C：您如何评价贵公司社会目标的实现程度?

M：社会目标可以是从量变到质变的一个突变。我们目前虽没有规模化扩展，但一旦时机成熟，它一定会非常快地发展。而如果前期没有做扎实，那么后面会有很多的事情或者危机发生。所以我们在风控方面，从一开始就做得很严格，从课程的设计到评估，包括对教师的培育，我都是把风控和安全放在第一位的。

做社会企业最简单的就是做产品，因为只要与人不相关，产品是很好标准化、很好控制的。但实际上我们做的事情很难把它变成产品，因为我更希望的是"以温度传递温度，以情感传递情感"，人接触人，多与孩子面对面地接触，这就意味着我们要思考怎样对人进行更好的管理。未来教师会越来越多，我们要面对的问题可能也会越来越多，需要了解如何能够既有弹性地做好管理，又让他们坚持一些理念和原则。

25. C：贵公司在发展过程中如何处理社会目标和经济目标的关系？您认为二者有没有矛盾？

M：我认为没有矛盾。可能在发展路径中有一个先后关系，经济目标会晚一点到来，只要解决社会问题，就必然会产生价值，只是价值怎么转化的问题。所以我们非常清楚，我们做的事情是需要孕育的，是需要前期投入的，它的经济回报虽然比较晚，但不代表它没有。

26. C：您对社会企业的创业者有什么样的建议或者忠告？

M：第一，未来如果有社会组织转型为社会企业，那么我认为一定要知道这两个机构的本质是不一样的。最近接触到一些社会组织想转型为社会企业，它们过来找我谈，或者想让我一起讨论一下它们的项目。我觉得他们的思维还是停留在社会组织层面，这样是做不好的，而且是做不成的。社会企业还应该是企业，企业的属性和基因决定了其必须能够创造价值、产生利润，保证活下来。因为我们比较特殊，之前没有积累，所以培育周期比较长。有些社会企业是服务型的机构，如养老等，它们面临的社会问题非常鲜明地摆在那里，而且前面有作为企业的积累，就可以找到一个平衡点，其行动路径、渠道、使命、愿景、价值观可以是一样的。但它与社会组织实践的路径，包括对人的要求以及其他条件一定是不同的。比如，社会组织能去融资、筹款，但是作为社会企业，我认为不能把这个作为重点去做，否则没有企业的基因在里面。所以关于这点必须要分清楚。

第二，另外一种极端情况我也接触过，把自己包装成社会企业。本来不是社会企业，但也想蹭热点或者享受政府的补贴而包装自己。这样的做法，我觉得更没有必要了。其实你做好自己该做的事情就好了，如果因为政策的利好就去做这件事情，那么我觉得可能坚持不了多久。如果有了另外一种利好的声音，你可能也会转换目标。如果你做的事情还是为了实现经济目标，只是披了社会企业的壳，这就是我非常反感的做法。只要朝着自己的使命走，无论穿什么样的盔甲都不重要。

我经常也和想要做社会企业的同行分享，我问他们为什么要转化成社会企业，是遇到什么问题了吗？或者他们有没有做过企业，如果没有做过，是不是要重新认识一下自己做的事情到底是什么？由于行动路径发生改变，我们不能够用原来的思维做事。

社会组织和社会企业真的太不一样了。比如“妮妮环球”这个LOGO，如果用于社区的课程，我们会想是不是在宣传、传播上都应该独立，不能将企业的项目和公益性的项目混同。社会企业有30%的责任做公益，或者推动公益发展，或者用资金等方式支持社会组织。但社会企业与社会组织在很多方面的实现路径不同，服务职能也不一样，所以我觉得应该将两者明显地区分开。

27. C：您认为政府在社会企业发展中应该扮演怎样的角色？

M：如何让自己活下来是我们应该有的责任，但首先要依赖政府。那政府要给我们什么呢？其实我们最需要的是政府带领我们用创新的思维和方法解决问题，要让我们尝试，为我们开放一些条件，有些边界条件我觉得政府应该对社会企业适当地放宽。比如，我们目前有食品经营许可证，但是没有“QS”[①]。一方面我不需要“QS”，因为“QS”只有在销售商品时才会用到，而我不需要销售商品。但另一方面，我又需要“QS”，因为每次去幼儿园上课，涉及的食材有的是半加工品如红豆沙，我们找不到适合我们标准的供应商，因为太甜了，基本上添加了色素、添加剂。豆制品放一周就应该坏掉了，但外面的红豆沙放半年、一年都不会坏。我买不到符合我们标准的产品，就只有自己做了以后拿到学校去，但是我应该有一个东西证明我做的红豆沙是合

① QS：质量标准（Quality Standard），本章节出现的QS表示为食品质量标准。

格的，这就需要“QS”。这样就需要成立一个加工厂，按照政府的标准去做，而这样做出来又不符合我们的要求，所以这方面并没有非常好的标准化。我们其实是在创造这个标准的，那么政府是否可以对我们放宽一些，或者进行合理的监管。像我们这样的企业，政府是否应该鼓励或者采用另外一条途径来管理，我们非常乐意接受管理。因此，我希望政府在这方面为我们提供创新性解决问题的手段或途径，可以让我们做得更有底气。

其次是传播。可能朗力是非常特殊的，他们本来就是传播出身，在媒体领域超级强，但如果我天天去做媒体，哪还有精力做我的内核？我就是研究内容的。那么政府是否可以提供类似地铁站的一些公众广告位？在理念传播方面政府是否可以为社会企业提供一定的公共传播途径？我们可以在上面做一些分享，把类似倡导性的标语放在公共区域，能够让公众去认知，一起关注食育。

成都本来是美食之都，政府帮我们做推广也不会有什么损失，这是一个让大家更好地认识到公众问题的方法。政府经常给社会企业开会，问我们的诉求是什么，包括市场监管局钟副处长①，他们真的为社会企业做了很多。我特别感激他们，他们一直在帮我们想办法，由于各种原因，落实下来还是有点困难，但是能否另外寻找到一条路，不影响原来的体制。当然我也理解政府部门很忙，精力可能不太够，但是我希望能够呼吁一下，鼓励更多想要做社会创新的人有胆量去做。因为我们也属于社会创新、教育创新的范畴，我相信未来政府会做出更好的改变。

28. C：您在英国生活了很长时间，那么请您对比一下英国与中国的社会企业。

M：第一，英国有很多社会企业。英国企业特别是小型企业，很多都在履行社会责任。所以也给我植入了一个概念：做企业就应该以解决社会问题

---

① 钟副处长：成都市市场监督管理局新经济处副处长钟欣。

为出发点，产生利益是下一步的事情，更多的是强调企业的价值观。我在英国做企业最初也是想推崇我的价值观，所以我成立了那家公司。因为英国的消费者受教育程度较高，消费者的自我意识很强，他们的购买动机不仅是便宜，买东西时还会去想这个企业的背景，是否承担了社会责任，是否在创造商业价值的同时还兼顾大众，以及它的价值观是怎样的。一旦成为忠实粉丝之后，他就会一直支持你。

第二，英国非常愿意支持中小型企业发展，反倒不推崇大型财团，欣赏有温度、有价值、有内核的企业。在社会企业这个层面，英国没有进行过多的划分。虽然英国也有认证，但其实很多社会企业都没有去认证，它们形成了这种公益习惯。在英国做企业的时候，只要是逢年过节，或者遇到我的生日，就有别人送东西给我，客户都会送我生日蛋糕。到了冬天，因为经常要去农场，所以我的手有很多冻疮，别人会送我护手霜，我的护手霜最多的时候达到300多只。英国人观察一件事情要花很长的时间，最初是非常排斥的，在他理解了你的行为动机之后，再慢慢看你怎么做。如果他觉得可以，就开始成为你的忠实粉丝。所以在这个层面上，消费者是会去观察这家企业的。

第三，在英国优秀的企业都会参与公益。因为英国人做公益是非常日常的事情，而且不图任何回报，是发自内心去做公益。小朋友从小开始做公益，学校都有社会实践，公益对大家来说就像吃饭一样平常。所以英国对于社会企业的推动和民众对社会企业的支持其实是很成熟的，也激发了它们作为社会企业的属性，会因为成为社会企业或者在做有利于社会的事情而感到骄傲，别人也因此认可他。在英国保护弱势群体是很常见的，企业会雇用很多残疾员工。我们现在的17个员工里面有1个人是有心智障碍的，但是我觉得没有关系，他现在发展得很好，员工也觉得他没有问题，我们没有把他当成特殊人群照顾，让他均衡地发展。他只是因为小时候受到了很多不正确的家庭教育，这也是食育做得很失败的一个家庭，导致了他现在大学毕业反而有了很多的障碍，所以我们希望能以成人的食育来唤醒其自我认知。

29. C：关于初心，您也讲了很多，那么是什么促使您产生了这样一个初心？最直接的动机是什么？

M：我看到了很多现象，而且我的祖辈教会了我很多，在家庭教育上我接受了很多食育的理念，尤其是饮食或者家庭建设，所以他们都很健康。高中毕业那年我考了营养师，因为我想更多地了解自己吃的东西，当然营养不能代表食育。

现在我的父亲去参加同学会，觉得特别幸福。首先他很健康，其次心态很好、很快乐。你说人老了能够有这样的资本，他做什么不快乐、做什么不开心呢？我从英国回来也是因为当时妈妈健康出了问题。因为我们家搬的新房子比较潮湿，所以就得了类风湿关节炎，这是风湿的一种，而且算早期癌症的一种，是不可逆转的。我们有个志愿者的妈妈就是因为这个病去世的，最后骨头全部变形，关节全部坏死，很痛苦。

当时我妈妈发现这个病的时候，全家人都很震惊，她不愿意去英国，因为英国比较潮湿，所以我就回来陪伴她。尽管药物治疗效果还可以，但受药物影响，耳朵一直在流血。所以我妈觉得要靠自己，她吃了大概半年的药，然后逐渐不吃药，同时加强运动和营养调理，包括服用一些营养补充剂。她搬出了之前那所房子，重新开始健康的生活，做自己感兴趣的事，不在病痛上花太多的时间。直到 2017 年我们去复查时，她的病好了，而且也没有吃药。

我爸爸因为工作的原因有“三高”，而且家里有直肠癌的基因。他的身体之前也是靠治疗高血压的药物控制。后来我爸受我妈的影响开始调养，包括他自己去学习，尽量控制肉食，不知不觉改变了饮食方式。你会发现虽然食物带来的疗效，或者自己的生活方式带来的调节会慢，但它一定是最正确的方式。当然外伤如需要消炎杀菌或者流感，你必须靠药物马上控制它，而一旦控制之后就要马上觉悟，要摆脱药物控制，重新回到健康的饮食中。吃完药之后，我们的身体其实有很多毒素没有排干净，因为药物对身体的刺激很大，所以我们应该了解怎么把它代谢出去，如何用 28 天让我们的细胞再生。

我觉得我所关注的就是如何能够传承和传播这样的事情，并一直继续下去。我发现一个很有意思的事情，小朋友也是可以传播的，他的左邻右舍会被他影响，他的同学也会被他影响。他自带传播能力，大家都没有地方学这样的知识，所以都会向他了解和学习。小朋友也会做很多实验，比如把新鲜的炸薯条和快餐店买的薯条做对比，分别用不同的罐子装起来，他们会发现自己炸的薯条隔两天就发霉了，另外那个可能 1 个月都不会长霉，所以他们会觉得吃不长霉的薯条是一件很可怕的事情。

四、访谈感悟

（一）关于创始人

孟妮女士作为女性创业者，思维跳脱，不走寻常路，外表娇小柔弱，内心却无比强大，虽经历不少磨难，却依然不改初心，她就是罗曼·罗兰笔下的英雄主义者——当认清生活的本质之后，依然热爱生活！那一句“建筑师不差我一个，但是食育师就得我来”充分显示了她放弃工学博士学位从事食育行业的决心，其英国留学经历为其创立社会企业埋下了种子。孟女士奉行“遵从内心，释放天性；快乐生活，快乐工作”。在她看来，世人眼中的“乖小孩”是可怜的，没有乐趣的工作是令人窒息的。从企业工作室里那只光鲜亮丽的猫和“撸猫值班表”足以看出公司运营中快乐的日常。在企业管理中，她“无为而治”，也是某种意义上的“甩手掌柜”，主要负责公司的战略制定与形象宣传，她打趣说是自己“懒”，其实更多的是放权与对团队的信任。

（二）关于公司

食育行业在中国尽管不是全新的领域，但系统做饮食教育的公司的确寥寥无几。成都智慧源探索古今中外健康饮食理念与优良饮食文化，致力食育课程及其衍生品[①]的研发、制作、推广与销售，成功打造“妮妮环球”食育品牌，成为中国食育行业的拓荒者，也是中国第一个注册名字为“社会企业”的公司。该公司的亮点是：第一，公司创始人的国际视野使其擅于利用国际资源快速打造品牌影响力；第二，公司极大地发挥了志愿者的作用，较好地运用消费者价值共创模式，各地志愿者与消费者既是其研发素材的重要来源，也是其品牌的主要传播者。得益于创始人和其团队成员的影响力、产品与服务的优质性及独特性，公司的消费者自觉转化为志愿者的比例很高，这为公司开拓市场奠定了极佳的基础。

① 该公司的衍生品主要是绿色健康食品（无添加、无防腐剂）、儿童厨房用具等。

第十一章　总结与思考

本次成都首届认证社会企业家访谈共访谈 13 人次，除非创始人或非中高层人士外，有 10 人的访谈内容被收录，其中女性 4 人，男性 6 人。在受访者年龄上，“60 后”“70 后”“90 后”各 1 人，其余全是“80 后”，占比达 70%。受访社会企业（见表 11–1）总体成立时间较短，仅有两家企业年龄超过 10 年，5 年以下的占比达 50%。

表 11–1　受访企业基本情况

社会企业	成立年份	运作模式	所属行业
馋爱善食	2017	基于雇佣关系	餐饮
银谷智联	2013	基于供求关系	环保与化工
学境教育	2015	基于供求关系	教育
成都天杰	2000	基于供求关系	农业
童萌早启	2016	基于供求关系	教育
成都朗力	2011	基于供求关系	养老
创女时代	2015	基于供求关系	创业孵化服务
中和农道	2017	基于供求关系	农业
城市之窗	2006	基于雇佣关系	手工与文化
成都智慧源	2013	基于供求关系	教育

第一，从受访者构成及个体特质来看，受访者性别差异对访谈效果的影

响较为明显。无论是否健谈，男性创始人或领导者都更善于总结、分享、提炼，更能够表述清楚自己的商业模式、经营要素及行业动态，对经营管理的知识也更有自己的见解；相比之下，女性受访者在回答提问中较少实际谈及本企业的商业模式、管理之道，更多的是不断强调初心、情怀或经营细节。原因既可能是不善于分享，也可能是谨慎与防御心理导致的不愿意分享，还可能是理论积累与实践积淀不匹配。无一例外，受访者都认为自己的企业在坚守初心。

第二，从对社会企业的界定来看，受访者对社会企业的概念依然较为模糊，大多数社会企业家没有从本质上意识到社会企业与其他组织形态的根本差异，只有少数有自己的界定与看法。但在处理社会目标与经济目标的关系上，受访者的态度是一致的：先活下去才是根本，要保证在活下去的基础上实现社会目标。当被问及“社会目标与经济目标是否矛盾”时，却存在明显的两派：一方认为二者并不矛盾，相辅相成，在实现社会目标的同时，经济目标自然而然地实现；另一方认为二者是矛盾的，实现社会目标需要在某种程度上牺牲经济目标。在笔者看来，二者是否矛盾关键取决于社会企业自身的业务模式，取决于解决社会问题的体系与盈利体系是否统一：对于双轨制、二元制的社会企业，用经济目标反哺社会目标，二者往往是相互矛盾的，这种企业机制更像长期不间断履行社会责任的商业企业，若将更多的精力用于实现社会目标，则必然会影响其经济目标；对于通过解决社会问题获取经济收益的社会企业而言，在大部分情况下二者是相辅相成的。

第三，从商业模式上看，与一般企业相比，社会企业更多地依赖街道、社区等社会资源，能够在一定程度上调动、激活、配置社会资源，与打造共建、共治、共享的社会治理格局相呼应；更善于构建多元利益相关体，将政府、社区、服务对象与公司业务纳入共同的体系；商业模式的创新性有待进一步提升。从运作模式上看，馋爱善食、城市之窗属于基于雇佣关系的社会企业，即“工作整合型”社会企业——馋爱善食以解决残疾人就业为基本出发点；城市之窗既关注传统文化与社区营造，又致力解决女性居家就业。其余 8 家企业均属于基于供求关系的运作模式——以特定人群或社会整体的供求不足为基点，运用商业运营手段解决供求空白、不足或不均衡。

第四，从对待身份认证和政府行为的态度上看，受访者均存在一定的矛盾心理和言行错位现象。对于身份认证：一方面，社会企业家认为被认证为社会企业有助于自身的发展；另一方面却不在意社会企业的标签。对于政府行为与角色：一方面，大多数受访社会企业家希望政府能够给予社会企业适当的倾向；另一方面又不希望政府过度扶持、干预社会企业，担心政府的过度干预会扰乱市场秩序。

第五，受访者对社会价值与经济价值的评价均缺乏系统、有效的评价体系，但他们都认为自己的企业有很大的社会价值，都在一定程度上推动了行业的发展，并有很多的模仿者。

最后的思考。社会企业致力在政府与市场双失灵的领域解决社会问题，那么何为社会问题？如何评价社会企业在多大程度上为人类福祉做出了贡献？谁来判断某个社会企业是哗众取宠，还是真正解决社会问题；是冠冕堂皇、中饱私囊，还是脚踏实地、真为黎民？社会企业与承担社会责任的企业有何本质的区分？政府对善良的“萌芽”是应该扶持还是任其走向市场接受优胜劣汰的考验？政府对社会企业的政策倾斜是否会影响市场经济的公平性？是否会产生挤占效应？这些悬而未决的问题等待着更多有志之士深入研究。

后 记

POSTSCRIPT

在中国，做企业调查研究实非易事，尤其当从事调研的学者缺乏足够的名气时，很难获得企业家的支持。本访谈录能够顺利完成得益于多方力量的帮助，特别对以下人员及机构致以衷心的感谢。

首先，感谢成都市市场监督管理局新经济处的钟欣副处长和尔古玛玛女士。可以毫不夸张地说，没有钟副处长的大力支持，社会企业家深度访谈计划将无从落实，遗憾的是至今未能面谢。感谢尔古玛玛女士对调研工作的对接与协调。

其次，感谢社会企业服务平台社创星的夏璇老师和伍婷婷女士、四川省大学生创业中心的刘维老师。夏老师长期致力推动中国社会企业的发展，亲自参与成都首届社会企业认证工作，在社会企业领域知名度高、影响力大。夏老师亲自审核了我们的调研提纲，提出了宝贵的意见和建议，还提醒了若干调研注意事项，完善了我们的前期准备，并安排伍婷婷女士负责调研的全程协助。伍婷婷女士为我们提供了全面而具体的帮助，从社会企业的地址、简介到社会企业家的联系方式等，为调研提供了直接的帮助。特别感谢四川省大学生创业中心的刘维老师。刘老师为调研方案出谋划策、牵线搭桥，对调研的推进起到了举足轻重的作用。

再次，感谢 10 位接受访谈的社会企业家。深度访谈耗时而费力，平均耗时 2 小时左右，但 10 位社会企业家依然在繁忙的工作中抽出宝贵的时间接待我们，认真回答每个访谈问题，这对一位名不见经传的学者而言是莫大的恩情。他们的言行均印证了一句话：做社会企业的人都是有情怀的。在他们身上几乎看不到盛气凌人的刻板老板的影子。

最后，感谢广西财经学院优秀著作出版基金资助出版，感谢广西高校中青年教师科研基础能力提升项目（2019KY0645）和“广西高等学校千名中青年骨干教师培育计划”人文社科项目（2020QGRW）的研究经费资助。感谢广西财经学院工商管理学院市场营销系卓越财经1743班的唐文娟和周宇宁同学，两位同学全程负责访谈的录音、摄影与文字转换工作，牺牲了宝贵的假期，投入了很多时间和精力，才使著作得以顺利完成。